目　次

はじめに

株式会社DBジャパン（本書では以下、DBJといいます）は、2000年11月の設立以来、公共図書館・学校図書館向けのレファレンス用の索引を主軸とした学術・参考図書を刊行する出版社です。

登場人物から本を探したいときに便利な登場人物索引や、テーマやジャンルから作品が引ける「テーマ・ジャンル」シリーズ索引などを刊行し、全国の公共図書館・学校図書館の司書の皆様にレファレンス業務や選書、テーマ展示などの参考資料としてお使いいただいています。

索引づくりをする中で、実際に図書館の司書の方々と直接お話できる機会が増え、リアルな悩みを聞かせていただくことも多くなってきました。その中には、YA（ヤング・アダルト）層へのレファレンスの難しさや、新しく増え続けるジャンルに対しての選書の苦労話が多く寄せられました。

索引の制作という形だけではなく、毎日YA層に触れている学校図書館、また中高生の利用を増やそうと試みていらっしゃる公共図書館、YAの読書のサポートを目的とし、その時期に中学生・高校生によく読まれたポピュラーなYA書籍群「YAカレント」を明らかにすることを目的として、「YAカレント同好会」を2018年に立ち上げました。

本書は、DBJの「YAカレント」に関する取り組みを紹介するべく三部構成にしています。第1章では、「YAカレント」の考え方の生みの親でもあり、目黒区立図書館勤務ののち、日本図書館協会事務局長も務められ、DBJの顧問を務められていた松岡要氏（2023年12月現在は退任）がYAカレント同好会主催の「リュディエセミナー」でお話された「「図書館事業の現状と課題」-YAサービスの進展のために-」の講演録、第2章では「YAカレント」の考えに至るまでの経緯、第3章では「YAカレント」に関する取り組みの一環である「読解力」について、読解力がテーマの本を紹介しながら考察をまとめています。

本書をご覧いただくことで、YAへの読書のサポートを通じた「豊かな学び」を提供するためのヒントを、読者の皆様に提供ができれば幸いです。

DBJは今後も索引などのツールをもとに、司書の方々や図書館運営の悩みを後方からサポートし、解決することを目的とした事業を続けてまいります。

第1章

YA カレント同好会主催
「リュディエセミナー」
松岡要氏　講演録

テーマ	「図書館事業の現状と課題」-YA サービスの進展のために -
講 師	松岡要
日 時	2019 年 5 月 20 日
会 場	NMF 新宿南口ビル セミナールーム C

当日配布資料

・「『図書館事業の現状と課題』-YAサービスの進展のために-」
・平成30年度全国学力・学習状況調査
・文部科学省「全国学力・学習状況調査」質問紙調査・関係項目
・2013年度 文部科学省 全国学力・学習状況調査・質問紙調査

※2019年4月時点の情報での講演内容となっています。また、全講演より抜粋・編集しています。

1 YAサービスの意義

(1) 経験から

　ヤングアダルト(YA)サービスについて、私の経験からお話いたします。1967年から目黒区の図書館で21年間働いていたのですが、当時、目黒区には図書館が1館しかなかったので、複数館置こうということになりました。東京都がちょうどその頃に図書館の政策を展開していて、三多摩地域に図書館を建設することになった経緯がありまして、東京23区には及びませんけど、財政調整制度というのがあり、そこで建設が盛んになったんです。

　目黒区の図書館も1970年以降、徐々に増えてきて現在の8館になったんですね。8館になったんですが、政府の方針によって減らすという動き

が顕著で、8つのうち2つ除くというようなことが、公共施設整備計画に書かれているのです。ただ、まだ公に、区民に知らせるという状況にはなっていませんでした。というのは、目黒区の公共施設の中で図書館を利用する人が一番多いのですよね。その意味で、当然、抵抗があるだろうということを当局は分かっています。

　図書館は対象とされる人が、限定的じゃないですよね。子どもからお年寄りまでいろんな人が日常的に利用できる。あらかじめ予約も要らないわけですから、自分の生活の中で自由に使える施設なのです。そういった自由に使える施設というと、公園と図書館しかないのです。イベントを開催し、それに参加するときには公共施設が比較的多いわけですし、スポーツ施設も1人で使うとなると、あらかじめ予約が必要ですよね。そんなことから考えると、図書館は非常に親しみやすいということがあります。図書館は本があること、資料があることが基本ですけど、利用する人たちが集うとか交流することとか、おしゃべりに来るというようなことを、決して図書館の管理者は否定しておりませんし、そういった人たちの場を作るということを、図書館の世界では広場論と言っているんですよね。図書館は広場だと、コミュニティーの場だという、そういうこととして考える重要な施設だという捉え方をしているところがあります。

　それで、YAサービスの意義として、自分の経験から感じていることを幾つか申し上げて、お役に立てればというふうに思っています。経験からになりますけど。先ほど申し上げた、（目黒区に）図書館が1つしかなかったときに、2つめ、3つめをどうやって造るかということは、図書館の現場職員としては非常に力を注いできました。ところが80年ごろになると、ヤングアダルトサービスという言葉を耳にするようになりまして。日本語では中高生サービスという言い方をしているのですが、中学生・高校生の彼らにどういった図書館サービスをしていくかということ

です。読書とか、それから宿題を片付けるためということはあるのですが、もう一つはたまり場なのですよね。つまり、おしゃべりをするところとしてです。コンビニの前で集まっているとあんまり周りの人からいい顔をされない。そういうことを、子どもたち、彼らは非常に気にしていて、図書館はそういった点では、自由に出入りできるし、おしゃべりするということもできる。しかし、それがうるさいという意見があって、そういったコーナーや部屋を作ろうという動きになりました。YAコーナーとかおしゃべりできる場所を作ることで、彼らの要求に従ってサービスをすることができる、ある意味では私は唯一の施設とも思っています。図書館機能の中に、そういったことがあるということを考えたいです。

　具体的には、図書館では資料を提供することが大事ですから、YAコーナーの設置ですよね。有名なのが岩波ジュニア新書みたいなものを並べておくというのが一つはあるんですけど、それだけでは不十分です。ある意味でジュニア新書とは、そういう中高校生だけが読むわけじゃなく、大人が読んでいるケースが多いんですよね。

　実際に、彼らにこの書棚に並べたい本を持ってきてくれないかと呼びかけてやってもらったところ、趣味に関わるようなものが多くて、「へー」と思うような小説も持ってくるんです。結局、彼らの興味を広くするためには、そういったことをやってもらうのも大事だなんて思っていたんです。だから、あらかじめ図書館員はYA図書の情報を得るために、ヤングアダルト出版会の出版社と交流をしていたのですが、それとは別に、中高生はどういった要求をしているかということをリアルに見るためには、そういうことが非常に重要なのです。

　雑誌コーナーに雑誌は置かれていて、バックナンバーについては壁際に並べ、ラックを開けるとそこにバックナンバーがある図書館が多いと思うのですが、例えば『鉄道ファン』の何月号とか、『主婦の友』の何月号

とか、様々な雑誌を図書館に並べてくれるんです。そこに載っている記事が自分にとって役に立つのか、役に立てようと思っているのか、分からないという意味でも、関心の度合いの幅の広さというか、内容の豊かさを感じるんですね。YAコーナーは基本的には資料、図書、雑誌だとか視聴覚資料などを並べておく場所です。あらかじめヤングアダルト、中高校生向けの本だろう、資料だろうということで図書館職員が選定して置くのは大事ですよ、図書館職員はそういった意味では専門性があると思いますから。しかし、同時に彼らが要求に訴えるというのも非常に重要なわけで、そういう意味では時々（中高生に）手伝ってもらうとか、意見を求めて何が足りないかみたいなことを尋ねたりします。

　それからもう一つは、中高生は子どものコーナー、児童室、子どもの部屋に行くことを毛嫌いするのです。自分は子どもじゃない、というふうに自覚しているわけですから。しかし、私の子どものときとかに使った記憶からすると、子どものコーナーにある図鑑だとかでYAコーナーに置いたらいいんじゃないか、と思うものがあるわけです。だから、児童コーナーにある本と大人の本が混ざっているとごっちゃになりますが、こういった視点が重要だなと思います。だから配架で、そういう書棚に並べるのに色々検索したときに、所定の場所にないということが出てきてしまうので、ヤングアダルト系の分類表を作ったりして、検索しやすくするような工夫も当時したこともあります。

　そういったことは、非常に面白いことで、例えばちょっと話が途切れるかもしれませんが、奈良県の県立図書館が、利用者にこのコーナーのこの書棚1本分に好きなものを並べてほしいというイベントをやったところ、そのときに当然、県立図書館にある本を並べるのかと思ったら、なんと自分の家にある本まで並べたそうです。つまり、その人にとっての好きな本が県立図書館にないということを、リアルに示すことになりました。図書館員はそのことについて非常に勉強になったという言い方を

していたのです。

　同じように、コーナーを作るということについては、ある意味では自分は大人だと思っている、子どもじゃないんだと思っている中高生にとってみれば、関心が非常に幅広いことを考えると、あらかじめ用意した資料だけではなくて、多様に使ってもらうような意味でのコーナーの設置って、非常に重要だと思います。多くのYAコーナーは、目黒区でも現在そうなのですが、ヤングアダルト系の図書、資料しか置いていない。雑然としてない感じがします。しかし、やはりそもそもは彼らの要求に応えるっていうことを考えれば、そういったことを踏まえた上で管理・運営をすべきだろう、サービスすべきだろう、ということの表れとして、多様な資料を集めたりもするのです。

　その中で彼らは、色々とおしゃべりをしますので、交流ノートを置くようにしたんです。閲覧コーナーの所に大学ノートを置いて書いてもらう。すると、図書館についての感想とか、学校でのいろんなことだとか、この本読んで良かったといった感想だとか、いろんなことを書いてくれるんです。ある意味で交流になりますよね。彼らも学校ではクラスの中で交流ノートとかをやっていたのだと思います。職員にとってみれば、いわゆる書いてあるものを読むほうが、確実に要求の内容を把握できると思っていて、おしゃべりにしても、大人のいる所では、本音できちんとおしゃべりをするはずがないわけですから、この交流ノートで補足・補完しようということでやってみたのです。

　その中で、もっとこれをみんなに知らせたほうがいいだろうということで、高校生と、情報誌にして編集するということを考えたのです。「こういうのを作りたいと思うんだけど、どうだろうか」って言ったら、彼らは賛成してくれて、それでできたのが「OMAKE no いっぽ」という中高生向けの情報誌です。もうすぐ100号になるのですけど（2019年4月時

点の情報)、彼らに相談して作りました。この「OMAKE no いっぽ」の編集員の募集は別のページにありますけど、編集員とか投稿募集なんていうことを書いていて、彼らの読んだ本の記録が載っています。

　読書感想文についてですが、読書感想文は読書を嫌にさせる原因だと思っています。学校がやっていますが、やめたほうがいいと思うんですよね。実際は大人でも感想文を書けと言われたら、書けるのかと。そんな力があるわけないですね。批判を書けというのだったら、これは書きやすいのですが。言ってみれば、その本に書かれている事象についておかしいと思うことを列記するというようなことは、仕事の面でもよくやること。毎年、目黒区の学校でも、夏休みが終わると感想文を募集して賞を与えています。だから、夏休みが終わる頃には図書館で目黒区教育委員会が出している「感想文集」がよく利用されるのです。結局、「感想文集」を写しているのですね、子どもたちが。そのようなことも当然あり得るわけで。だから、賞を選考する際に、これ、前に出てないだろうな、と点検することを先生たちはやらざるを得ない。そういった実にくだらない問題も出ているんです。

　しかしながら、「OMAKE no いっぽ」は、彼らに本の紹介をしてもらうことを目的にしているので、本の紹介がメインの冊子なんですね。おまけにいろんな学校で起きていることだったり、友達との関連のことが色々書かれたりしていて、これがなんと100号も続いていて本当に大したものだなと思っています。

　「OMAKE no いっぽ」を作る際には、お茶会を行ないました。お茶会というのは、中高生自らがお茶とかお菓子を持ってきて、おしゃべりをする場です。お茶会と言ってはいますが別に図書館がお茶を用意するとか、お菓子を用意するというわけではありません。彼らが持ち寄ることで、お茶会になるのです。そこでこの次の号は何をやろうか、何を企画

しようかみたいなことを話し合っているので、1号作成するのに数カ月かかります。図書館という場では役割として資料を提供すること、読書をサポートすることが大きいのですが、そのようなお茶会を実現することによって、同時に彼らの世代だとおしゃべりをするというのも非常に重要だし、表現することも大事なことで、そういう意味では図書館もそういった役割を果たしてもいいだろうと思っております。

　とかく中学生・高校生っていうのは、健全育成の対象になっていて、コントロールすることは非常に重要ですよね。彼らの要求をきちんと受け止めて、何とか実現を図ろうというような姿勢を示すことこそ重要であって、規制するようなことがあっては、彼らを排除するようなことにつながりますから、あってはならないわけです。そういう意味では、図書館機能の延長線上でそういうことがある、と思ったりもしたのです。

　マンガのセット貸しがあるのですが、マンガは20巻、30巻とずっと続くものがありますよね。あれ、予約を受けると1巻から2巻、3巻って順番に読みたいと思っても、飛び飛びになってしまいますよね。そんなことよりもひとまとめにして貸したほうがいいなと思って、彼らと相談してそのようにしたんです。彼らはよく知っているものですから、ものによっては10冊セットがいいし、5冊セットがいいって、そういったような形態で貸し出しをすることで、予約受付が非常にやりやすくなったんですね。彼らと相談した中で、マンガについては大体、一概に否定するわけじゃないけど、歓迎するような環境じゃないし、学校ではほとんど肯定していないようなこともよく見受けられます。しかし、読むことをこういった（マンガという）形でやることも悪くないわけで、それに夢中になることは大事だと思いますから、これは結果的にいいなと思ったんです。

　中学校教員への協力についてですが、ある日、中学校の先生が来て、

「来週、鎌倉に遠足に行くので、関係のある資料を50冊ほど貸してくれませんか」と言うんです。先生にしてみれば、岩波ジュニア新書の『鎌倉史跡見学』とかくらいしか頭になかったようですけど、鎌倉というのはそれこそ歴史で言うと、鎌倉幕府があって、鎌倉幕府が成立するまでの経緯であったり、鎌倉彫っていうものもありますよね。それから、関東ローム層の地帯でもあるわけですね。そういう意味では、鎌倉関係の資料は多様にあるわけです。先生だから当然知っていると思うんだけど、教室に持っていったところ、こんなにあるのかと、「これ全部、鎌倉の本ですか」ていうふうに先生が聞くわけね。

それ以来、授業等に関係するときに、それに関わる資料は提供するようにするから図書館に連絡してほしい、逆にこれがない、というような指摘もしてほしいという意味合いのことも申し上げたのです。学校への協力はして良かったと思います。それを前提に、毎年司書教諭の先生たちと図書館との懇談会をやっていたのです。つまり、こちらとしては図書館のことを知ってほしいということを伝えたい。子どもたちはほとんど、9割方図書館に登録していますから、図書館のことを知らないのは、学校では先生だけという状況があるわけで、図書館が何をやっているのかということを具体的に知ってもらった上で、子どもたちに接してほしいということも言いました。学校のカリキュラムの中で、教科書とかは色々ありますけど、何を教えるか、どういった作品が教科書に載っているのかなど、それに関係するものをコレクションとして残しておいて、その授業を担う形で学校を巡回するっていうこともやったんです。

だから、当然何セットも作れるわけじゃありませんから、社会科の授業で使う場合だと、日程をずらす形でその資料を使ってもらうような工夫もしたことがあります。そうすると、そういう資料は少なくとも学校に必要だって考えるわけですから、学校図書館に置くべきだということを当然、先生たちも主張するし、我々も同意するし、学校図書館が充実

することになる。当時、今でもそうですけど、学校図書館には担当職員がいないんですよね。100パーセントいないんです。その意味では、学校図書館の図書なるものについての、全体のコレクションの状況を把握している人は誰もいないわけです。

　そういう中で、学校図書館は授業と密接に結び付きがあり、その学校図書館を持っている学校についてどうするか考えてほしいという思いもありました。そこで学校図書館の充実について、僕は（目黒区の）第四中学校の担当だったんですけど、区立図書館として、その学校図書館の資料について、当然、先生たちが選定はするんですけど、その前に図書館に聞いてほしいと提起して協力などはしてきました。

　あと、地域の高等学校の図書館だってそうですね。都立目黒高校とか、目黒工業高校だとか、区内に高等学校があって、そこの高校生たちの授業もそれなりにあるわけですし、先ほど申し上げたようなことで、色々協力関係にあるわけです。その意味では、地元の学校図書館がどうなっているのか、高等学校の図書館がどうなっているのかというのは、私は非常に関心があります。目黒工業高校っていうのは、工業高校なんですよね。工業高校にある工業関係の資料は、公共図書館に置くとすごく便利で、専門書とまではいかないけど、少なくとも高校生が読む程度のものは公共図書館に置いて、その分野の基礎的な知識を得てほしいという。今は出版状況がかなり多様化していて、いろんな分野の本が揃っていますが、当時は、それほどでもない印象で、高等学校の図書館にある小説とか文学関係以外の分野の専門書を公共図書館に置いたことは、非常に役に立てたなと思っています。商業高校がないのは残念でしたけど。しかし、そういったような協力ができるのは、良かったなと思います。

　あと、ちょうどその頃、ヤングアダルト出版会ができまして、そこに参加している出版社は、図書館との連携っていうのをかなり当初から意

識していました。私は行きませんでしたけど、出版会と図書館のヤング
アダルトに関心のある人たちが一緒にアメリカに行って、アメリカのヤ
ングアダルトサービスを調べてレポート・本を出しているんです。また、
目黒区のYAサービスをそれなりに知っている出版社の人がよく来て、い
ろんな意見交換をしたり、お茶会などに参加してくれたりということも
ありました。出版会とつながる場としての図書館も非常に重要で、図書
館がそういった利用者の状況などを、出版社の皆さんにリアルに聞いて
もらうような機会は大事かなと思います。

　僕の経験からすると、こんなようなYAサービスがありましたが、何
を読むかの彼らの関心は、いろんな分野に幅広くあります。だから、忙
しい毎日ですね。最近は媒体としては読書や資料だけじゃなくて、ネッ
トだとか、欠かせない状況にありますね。そういったものを織り込んだ
生活をしている状況と、彼らの要求をきちんと捉えることが非常に重要
なのです。そのためにはそれを実現すること、熱心に取り組むような姿
勢が大事だと思います。直ちにできることでは当然ありませんし、お金
が伴うことばかりですから、すぐに解決できることでもありませんから、
職員がそういった姿勢を持っていることが大事だと思うのです。

（2）行政における青少年

　でも、その点で行政における青少年というのは、ある意味では対策の
対象になっているのですね。悪いことをしないように、青少年保護育成
条例なんていうのが全国の県にある。青少年の健全育成ということで、
その当事者である青少年にとってみればどう思うかというと、かなり乖
離があるような内容だと思うんです。図書館にとって非常に問題なのは、
有害図書なのですね、有害図書規制。例えば『はだしのゲン』は有害図書
と指定されたことはないですが、こういった規制するという精神の下で
行政運営していると、全国のかなりの自治体で『はだしのゲン』は排除す

るっていう動きがありましたよね。青少年であっても図書館は利用者の資料要求に応えるということですから、その資料がどういう性格のものかっていうことを、図書館が判断すべきだと思うんですけどね。

　しかし当然のことながら、法治国家においては何でも出版してもいいということにならない。そういう意味では、憲法の精神に従ったような姿勢は当然あり得るんですけど、しかしながら有害図書規制によって、著作権の違法じゃないかと、当事者から訴えられるような事態になったりするわけですね。あえてこういうことをお話しているのは、青少年の要求に応える行政こそ大事であって、青少年教育センターなるものを造ることは、果たして彼らの要求に従うものなのかどうか。言ってみれば、彼らの自発的意思を顕在化するためというよりも、教育センターという名のとおり、どちらかというと"教育"という、狭い意味になっているのではと思いました。

　本日は文部省の全国学力学習、いわゆる学力テストの質問資料をお配りしています。(配布資料：平成30年度全国学力・学習状況調査、文部科学省「全国学力・学習状況調査」質問紙調査・関係項目　参照)これは小学校6年生と中学校3年生に対する基礎学力テストということで、中学3年生を対象にした数字の学力調査をやるのですが、それぞれの生徒が自分はどういう性格をしているか、どういう考え方でいるかみたいなことを聞く質問項目があって、こういう質問集を毎年出しているんです。これは去年(2018年)実施されたものです。それから学校にも、調査をしているのですね。例えば我々にとって重要なのが図書館に関係する質問ですが、私は2013年から2018年までのデータをちょっと拾ってみて、変化を見たんです。読んでいるうちに、中学生が何をやっているのかがよく分かりました。ほとんど、全く本を読まない生徒が何割もいて、果たして本当にこれでいいのだろうかって、感じちゃいますね。

　放課後何をして過ごしていますかということも、去年と一昨年に調査しているんです。去年は週末、何をして過ごしていますかというのを聞いているんです。それから、中学校については生徒が博物館や科学館、図書館を利用した授業を行いましたかってことを、ずっと質問しているんです。これを見ると、やっぱりどうなのかなっていう状況がありますね。博物館、科学館と図書館という三つも同じ質問内に入れているんです。博物館、科学館を持っている市町村が全国でどれだけあるかっていうことで。博物館って本当に幅が広いですからね。郷土資料館から生物学関係のものもあるわけで。その意味では、この聞き方って、正確なことを知ろうとしていないのではないかなと非常に思ったりするんです。

　さらに、次の質問表（配布資料：2013年度文部科学省 全国学力・学習状況調査・質問紙調査　参照）を見ると、家や図書館でどれぐらいの時間読書をしますか、といった内容が書かれています。これらの学力テストの質問紙をずらっと見ますと、かつては図書館への利用について、ものすごく生徒たちに詳しく聞いているのですね。それから学校に対しては、学校図書館に職員を配置していますか、という問いをしている時代もあったんです。その意味では、この質問紙というのが、図書館だとか読書だとか、この資料で扱うことに資するようなものになっているかっていうと、経年変化をずっと見てみますと、ちょっと疑問を持たざるを得ないんですよね。読書環境を整備することを、文部科学省が熱心に考えているのかと思ってしまうのです。学校図書館法を改正して、今、特に学校図書館に専任の職員を置くことを努力義務に課しているわけですね、自治体に。そのことを中心に文部科学省も聞くべきだと思うんですけど、学校図書館法を改正されたから、そういった質問をされてないんです。極めてごく普通の質問しかしていないのです。というようなことで、これなどは（セミナー資料内の）「行政における青少年」の項に入れていいかどうかと疑問には思ったのですが、しかし、最近の学力テストの質問紙については、どうかということを考えたりしているのです。

（3）基本的人権

　基本的人権というと、いささか大げさすぎるんですけど、中学生・高校生というこの世代、大人になるまで色々苦労しているような世代だし、社会的に見てもやはり保護する対象ではありますけど、抑えるということや、規制するということを旨としてはいけないと思いますから、そういう意味では図書館の立場で色々考えなければと。私はその点では、図書館におけるヤングアダルトサービスっていうのは非常に重要だと思います。ヤングアダルトサービスなる言葉は、他の行政分野では見たことも聞いたこともないんですね。図書館が自由にいつでも利用できる施設ということがそれを実現させたと思います。

2　図書館とは

（1）図書館の役割・機能

　「図書館とは」ということで、当り前のことで失礼なのですが、図書館とは住民から求められた資料を提供する、確実に提供することが自治体の義務なのですね。教育の委員会を管理するから、教育という側面もあるということですけど、ある意味では求められた資料を提供する。行政が用意した資料を提供するということではないんですね。だから、そのためには図書館の管理・運営として非常に重要なのが、自治体が設置するということと、教育委員会が図書館の管理をするということです。

（2）図書館の管理運営の基本

　繰り返しになりますけれど、図書館の役割という観点からすると、住民の生活とか生業、仕事とか学業に資するためにやっていて、基本的人

権をこういう側面から実現しています。そのためにはコレクションを形成することが大事ですね。求められた資料を提供できるようなコレクション形成が大事。それを提供できるようにするには、タイトルが分かればその本を探せると思うんですが、それに関係している本を知りたいって言われたときに、ここに載っていますよというふうに調べられるように、そういう意味で司書の存在が重要です。そして、書誌データを作ることができる司書集団の存在が必要なのですね。

　本を読むのが好きではないという人が、役所の人事異動で来ることがあります。そうすると、本当にサービスする側も受ける側もお互いに不幸な状況になってしまうんですね。だから、もう一つ連携協力の仕組みは、結局どんなにたくさんの資料を置いたとしても、住民のほうが、多様性があるわけですから、絶対その図書館だけで提供できるっていうことはあり得ないのです。その意味では、県立図書館からの提供とか、周辺の市町村の図書館との連携が絶対必要なのですね。

　だから、図書館は全国どこの県でもそうですけど、県外の市町村立図書館の書誌データが検索できるような仕組みを持っているのです。県立図書館の役割として、県立図書館にないものはどこの市立図書館にあるかということが分かるようにする。それを県立図書館の車で巡回して配布するようなこと、これが非常に重要な役割で連携・協力っていうのは、資料などの相互貸借の前の、そういった総合的な書誌データ、あと物理的な車の手配ですね。もちろん北海道みたいな広い所は、車でということが難しいので、郵便とか宅配を使ったりもしますけど、それらをきちんと補償できるような経費を予算化する。それが政府の仕事だろうと。地方交付税の中には、そういった相互貸借の経費を算出するようなことも必要になってくると思います。

　そういったような役割を果たすということで、図書館はできれば自治

体が設置し、教育委員会が管理するということですね。教育委員会っていうのは、市長だとか区長とか知事から独立した行政委員会なんですね。管理下にはあるのですが、それも相互調整の下で行なっています。教育委員会は、ある意味では長から自立して、独自で判断できるように行政委員会として設置されています。なおかつ、図書館は教育委員会の管理の下にある教育機関といわれているんですね。

　資料の３番(配布資料：「図書館事業の現状と課題」-YAサービスの進展のために-の資料内、２ 図書館とは、の項内(2)図書館の管理運営の基本　③教育機関としての図書館が自立して運営する)にアンダーラインを引っ張っていますが、みずからの意思を持って、継続的に事業運営を行う。つまり図書館は、自らの意思を持っている。教育委員会の管理の下であるけれど、自らの意思を持って運営する。だから、子どもたちへのサービスとか、ヤングアダルト世代のサービスというのも、図書館が独自に考えます。だから、青少年保護育成条例に従って有害図書に指定されても、図書館としては独自の判断をする余地が残されているということです。それは現実的にはなかなか難しいですが、そういう有害図書になった視点を変えるということがないわけではないんですね。そういったことも役割としてあります。だから、有害図書と指定されたものが、本当にそうなのかどうかを有権者に見てもらう必要がありますよね。そういったようなチャンネルも必要ということがあるから、図書館は非常に重要で、自らの意思を持つということであります。資料の選定は図書館長の専管事項です。ですので、議会で本のことが問題になったとしても、館長は議会で答弁する義務はないということは言えると思います。図書館は、司書を中核にして運営するということを書いています。

（３）図書館の特質

　続きまして(3)の図書館の特質について触れていきます。図書館は公の施設、役所の中では施設の一つとなっているのですが、中味の伴うコ

ンテンツ機関というふうに文部科学省が言っているのです。博物館と図書館というのは、コンテンツがあってサービスがあるわけです。他の公共施設はそういう考え方はないんですよね。考えようによっては、そこにいる職員がコンテンツと言えるかもしれません。しかし言ってみれば、そういったものを提供することが図書館の特質なのですね。

　それから「図書館の自由」とあえて書いています。日本図書館協会が宣言したものですけど、資料収集の自由、資料提供の自由。つまり、どういう資料を集めるか、コレクションにするかということは、図書館が独自に考え判断します。それから、資料提供もどのように提供するかということも、図書館の権限というか役割であると。それらは、利用者の秘密を守ることが前提ですよね。何を借りていったかということが公にならないように。そうでないと図書館にはこれは果たせませんし、ある意味では憲法に触れるようなことです。もう一つは、やはり出版は円滑にできるようにということです。検閲は許さないということですね。そういった4本柱の宣言を、1954年に既にしているのです。それらのようなことが図書館には制度的にあるということで、これをきちんと継続して発展させていくことが重要だとあります。

　もう一つ重要なことは、無料の原則があります。図書館法第17条には、図書館は入館料その他、図書館資料に対するいかなる対価も徴収してはならないと。例えば図書でイベントや講演会を行ない、それの受講料を徴収するということはなくはないです。それから、コピーも有料で、コピーはある面では資料提供の一環なのですが、コピーされたものが利用者に渡るわけですから、紙代とか電気代というのは無料というわけにいかないですよね。そういった意味では対価を取るものもありますが、しかし、図書館法については、資料提供に対するいかなる対価を徴収してはならないということです。これは70年近く貫徹しているんですね。

博物館も一応、博物館法によって原則として無料です。ところが、博物館で無料で利用できるところは本当に珍しいですよね。原則として、とあるから、例外として認めているんです。図書館は原則としてなんて言葉はないので無料です。だから、先ほどの繰り返しになりますが、あらゆる世代の人たちが利用できる唯一の施設です。言ってみれば、公園もそうなのですが。公園も入園料を取る公園もありますけどね。こういった無料の原則があるというような図書館の特質があります。

それから、⑤番の一元的管理についてです。特別区、23区の場合、全て大体10館近く、複数館持っているのですね。例えば目黒区立図書館の8館は、目黒区立図書館のコレクションを形成する、書誌データも一元化するというように、サービス内容も一元的にやっています。ある館へ行けば、本を5冊も貸してくれるけど、ここの図書館は3冊しか貸してくれないということはしません。一元的な管理というのを旨としているのです。だから、図書館組織として運営されている。これは役所の多くの公共施設が単館主義、お城主義とも言うのですけど、建物ごとに独立して管理・運営するという意味です。サービス内容については、同じ区民会館でも、あそことここはやり方が違うということがありますけれど、図書館においてはそういうことは許されないわけです。ということが貫徹していて、一元的管理というのが図書館、自治体における姿勢としてはこういう特徴的な内容としてあるわけです。そういったような図書館の状況があります。

3　公立図書館の現状

あと幾つか申し上げたいと思います。「公立図書館の現状」という表が4ページ目にあります。何をここでお話したいのかと言えば、図書館のない市町村が4分の1あるということです。100パーセントの設置ではない

のですね。G7サミットを開いた国の中で一番低いのです。G7開催国での平均は、人口10万人当り図書館が5館以上。ところが、わが日本は2.5館で半分なのですよね。そのような実態にあるということは非常に重要です。さらに、可住地面積当りについてです。面積当りや人口当りということが国際比較としてはあるんですけど、可住地面積、つまり林野だとか沼とか湖を除いた所を可住地として、国土交通省は毎年データを出しています。これで見ると、大体30平方キロメートルにつき図書館1館なのですね。日本図書館協会では、10平方キロメートルに1館と言っています。10平方キロメートルというのは大体、中学校区に匹敵します。だから中学校区に、中学校の数の図書館を造ってやっとG7の平均に到達する状況です。つまり図書館もまだ少ないということと、住民の生活圏域の近くにないのだということを研究しています。資料の4ページにG7の平均値を出しています。

　それで、フィンランドをあえて出しています。フィンランドは、読解力においてはOECDの中で一番高いと言われていますね。これの一つの主要な要因として、文部科学省の国立教育政策研究所のレポートの中で、図書館の数が多いということがあります。ここにあるように、人口10万人当り22館あるのです。日本の10倍近い量ですね。つまり、身近に図書館があるということです。もっともフィンランドという国は、公共図書館という概念ではなく、学校図書館が公共図書館と一緒なんです。だから、学校の数の図書館があって、それは一般市民も利用できるところが多いのです。その意味でこういった数になるのですが、本で言うと学校図書館という場を一般市民も利用しているし、社会的な経験を踏まえるような環境があることがプラスになるように影響しているのではないかなと思っています。

　最後に、今日お話しするのに協力してくれたところで、目黒区内にトキワ松学園という学校があるのですが、そこの中学校・高校の図書委員

の生徒たちが、「美登利」という本の紹介をするチラシを作っているのです。こういったものを、目黒本町図書館が一緒になって図書委員の生徒と交流して作成していて、目黒本町図書館に置いてあるのですね。ご自由にお取りくださいという形で、僕も持ってきています。

それから、国分寺の図書館の例ですが、国分寺の図書館にはYAサービス、中学生に勧める本のリストを作っていてYAサービスを熱心に取り組んでいるところの一つというふうに見られるかと思うんです。こういったようなものを、各図書館が熱心に取り組んでもらうと、YAサービスが、図書館の今後の発展にとっても非常に重要な役割を果たしてくれるという期待をしていますね。どうもありがとうございました。

○当日配布資料
「図書館事業の現状と課題」-YAサービスの進展のために-

2019.5.20

リュディエセミナー

図書館事業の現状と課題
－ＹＡサービスの進展のために－

松岡　要

　図書館と図書館を取巻く状況は著しく変化している。現状と経緯を通覧し、図書館事業を支える制度、仕組みを確認し、ＹＡサービス進展の基盤づくりを追究したい。

1　ＹＡサービスの意義

(1)　経験から

・YA コーナーの設置

・交流ノート

・広報紙の編集、作成

・「お茶会」

・漫画のセット貸し

・中学校教員への協力

・地域の高等学校図書館との相互協力

・ヤングアダルト出版会との交流

(2)　行政における青少年

・「対策」の対象、「健全育成」。「排する」件

・青少年有害社会環境対策基本法案 2000 年提起

　提起子ども・若者育成支援推進法 2009 年施行

　青少年健全育成基本法案 2014 年提起

　都道府県の「青少年育成例」

・青少年教育センター

・「有害図書」規制

・文部科学省「全国学力・学習状況調査」の質問紙調査

(3)　基本的人権

・居場所としての図書館：交流、おしゃべり

・排除ではなく受け容れる場

1

2　図書館とは

(1)　図書館の役割・機能：住民から求められた資料、情報を確実に提供する自治体の事務、住民の
　　　生活、生業、学業等に資するための資料、情報の提供
　　　それを支える要件：コレクションの形成、司書集団の存在、連携協力の仕組み

(2)　図書館の管理運営の基本
　　①　自治体が設置する
　　②　教育委員会が所管し、管理する
　　③　教育機関としての図書館が自立して運営する
　　　地方教育行政の組織及び運営に関する法律第30条「地方公共団体は、法律で定めるところにより、学
　　　校、図書館、博物館、公民館その他教育機関を設置する」

　　　教育機関とは
　　　文部省初等中等教育局長 1957年「法第30条の教育機関とは、教育、学術、および文化に関する事業
　　　…を行うことを目的とし、専属の物的施設および人的施設を備え、かつ、管理者の管理の下にみずから
　　　の意思をもって継続的に事業の運営を行う機関である」

　　　資料の選定は館長の専管事項

　　④　司書を中核にして運営する
　　　図書館法第4条「図書館に置かれる専門的職員を司書及び司書補と称する。」
　　　図書館の設置及び運営上の望ましい基準 2012年12月19日文部科学省告示「三 運営の基本 ① 図書館
　　　の設置者は、当該図書館の設置の目的を適切に達成するため、司書及び司書補の確保並びに資質・能
　　　力の向上に十分留意しつつ、必要な管理運営体制の構築に努めるものとする」
　　　社会教育法の一部を改正する法律案に対する附帯決議（衆・参）「…公民館、図書館及び博物館等の社
　　　会教育施設における人材の確保及びその在り方について検討するとともに、社会教育施設の利便性向上
　　　を図るため、指定管理者制度の導入による弊害についても十分配慮して、適切な管理運営体制の構築を
　　　目指すこと。(参議院文教科 学委員会 2008.6.3)」
　　・司書の専門性を中核とした集団的専門性
　　　資料の選定＝コレクションの形成
　　　確実な資料・情報の提供＝資料相談、レファレンス
　　　コレクションの活用、レファレンス等に資する書誌データ作成能力

(3)　図書館の特質

① 中味の伴う「コンテンツ機関」　単なる施設ではない

文部科学省委嘱「図書館・博物館等への指定管理者制度導入に関する調査研究報告書」三菱総合研究所 2010.3

② 「図書館の自由」（資料収集、資料提供、利用者の秘密、検閲）の保障

日本図書館協会「図書館の自由に関する宣言」1954 年 1979 年改訂

③ 無料の原則

図書館法第 17 条「公立図書館は、入館料その他図書館資料の利用に対するいかなる対価も徴収してはならない。」

・住民の学習権、知る自由を保障する要件

・図書館の基本的サービスから収益を得ることはできない

・図書館法施行後、70 年近く貫徹している

④ 図書館は連携協力を前提とする事業：競争とは無縁

・資料の相互貸借、資料の分担保存

・県立図書館の役割：県内市町村図書館への協力、支援

・周辺自治体の図書館との連携協力

・自治体内の機関、施設、団体等との連携協力

⑤ 全館の一元的管理：単館的管理運営ではなく、図書館組織＝システムとして機能する

複数の管理者・組織は図書館機能の劣化を招く

(4) 図書館協議会　図書館法第 14,15,16 条

図書館協議会：図書館長の諮問機関、意見具申機関にとどまらず、教育委員会の付属機関。答申、意見等について教育委員会は尊重義務、規制される。

文部省「図書館法第 14 条第 1 項に基づき設置する図書館協議会は、地方自治法第 138 条の 4 第 3 項に規定する付属機関である」（委社第 59 号 文部省社会教育局長 1965.9.6）

文部省地方課法令研究会『解説教育関係行政実例集』（学陽書房 1976.7）「図書館協議会の設置態様、機能等は、図書館法の規定に照らしても、地方自治法上の付属機関と同一であり、かつ、図書館協議会も観念的には教育委員会に附属しており、法律によって、館長に意見具申することを通じてそれを教育委員会に尊重させるというふうに制限されている。」

3　公立図書館の現状

(1) 図書館の設置状況

2018 年 4 月現在 日本図書館協会調査

3

	市	政令市	特別区	小計	町	村	小計	計	都道府県
自治体数	771	20	23	814	744	183	927	1,741	47
設置自治体数	762	20	23	805	479	49	528	1,333	47
設置率（%）	98.8	100.0	100.0	98.9	64.4	26.8	57.0	76.6	100.0
設置自治体人口（千人）	79,624	27,394	9,303	116,321	7,996	346	8,342	124,663	127,907
図書館数	2,090	284	225	2,599	571	49	620	3,219	58
1館当り人口（千人）	38.1	96.5	41.3	44.8	14.0	7.1	13.5	38.7	2,205.3

可住地面積当たり ㎢

	市	政令市	特別区	小計	町	村	小計	計	都道府県
設置自治体可住地面積	74,309	6,191	627	81,127	24,364	857	25,221	105,734	122,204
1館当り可住地面積	35.6	21.8	2.8	31.2	42.7	17.5	40.7	32.8	2,107.0

① 平成の大合併後の現在でも、図書館未設置市町村は 23.4%もある（2000 年度 50%）。

　・20 政令市 175 行政区のうち未設置は 4 行政区（名古屋市中区、京都市上京区、岡山市中区、熊本市東区）

② 住民の生活圏域に図書館を

　日本図書館協会提起：中学校区に図書館を

　1 中学校当りの可住地面積（総面積から林野面積、湖沼面積を差し引いた面積）：全国平均 約 13 ㎢

　1 図書館当りの可住地面積は全国平均 32.8㎢

③ 複数館設置の市区町村は 4 割に過ぎない

　単館設置 56.7%　　複数館設置 43.3 %　（2 館 14.3 %、3 館 9.5%、4 館 5.6%、5 館以上 13.9%）

④ 人口当り平均 4 万人に 1 館

　・政令市は 10 万人に 1 館

　G 7 各国比較　　文部科学省『諸外国の公共図書館に関する調査報告書』(2005 年) ほか

国名	調査年	人口 千人	図書館数	
			10 万人当	
日本	2017	128,066	3,273	2.56
アメリカ	2001	258,233	9,266	3.59
イギリス	2001	58,793	4,170	7.09

イタリア	2001	57,840	6,000	10.37
カナダ	1999	32,508	921	2.83
ドイツ	2003	82,000	10,584	12.91
フランス	1999	59,700	2,893	4.85
計・平均		677,140	37,107	5.48
フィンランド	1999	5,170	1,151	22.26

・G7各国では、人口10万人当たり平均6館設置と推定される

　　日本は2.6館で最低。中学校数並みに設置すると2.9倍、7.4館となる。未設置市町村の解消(421館)、単館設置市町村の解消(748館)に、平成の大合併前の図書館未設置であった旧市町村1,626地域への設置が実現すると、10万人当たり約5館になると推定され、G7平均並みとなる。

　　フィンランドは、OECD加盟国の義務教育終了段階の15歳の生徒を対象の読解力調査で最も高い

<参考資料>

特集・ヤングアダルトってなに？「みんなの図書館」1988年6月号

特集・YAサービスをやろう！「みんなの図書館」1994年6月号

ヤング・アダルト・サービス（てまめあしまめくちまめ文庫）児童図書館研究会（1996.2）

YAサービス①ヤング・アダルト・サービスのエッセンス 山重壮一「現代の図書館」vol. 36 no.1（1998.3）

YAサービス②YAサービスを始めるために—選書・コーナーづくり初歩の初歩 松本芳樹「現代の図書館」vol. 36 no.2（1998.6）

YAサービス③ノートや投書、そしてYA向け広報について 松本芳樹「現代の図書館」vol. 36 no.3（1998.9）

YAサービス④ YAサービスの国際動向—IFLA：YAサービスガイドライン 井上靖代「現代の図書館」vol. 36 no.4（1998.12）ヤングアダルトサービス入門 半田雄二 教育史料出版会（1999.6）

特集・YAサービスの現在—どこでもYAサービスを「みんなの図書館」1999年6月号

公共図書館におけるヤングアダルトサービス実施状況のアンケート調査結果報告 ヤングアダルト出版会（1999.10）

公立図書館におけるヤングアダルト・サービスの考察—その成立可能性の検討 村木美紀 大阪市立大学学術情報総合センター 2001.4

ヤングアダルト・サービス調査報告書—2001年滋賀県全調査 大阪市立大学学術情報総合センター図書館情報学部門（2002.1）

児童図書館サービス ヤングアダルトサービス文献目録 図書館情報大学 2002.3

ヤングアダルト・サービスの秘訣—公共図書館ジェネラリストへのヒント ルネ・J.ヴィランコート［ほか］ 日本図書館協会 （2004.9）

特集・YAサービス・この5年間ほどを振り返る「みんなの図書館」2005年10月号特集

YAサービス事情2014「みんなの図書館」2014年12月号

YAサービスの現状—全国調査報告(1)「図書館界」383 （2015.7）

YAサービスの現状—全国調査報告(2)「図書館界」389 （2016.7）

5

平成30年度全国学力・学習状況調査

回答結果集計　[生徒質問紙]
全国−生徒（国・公・私立）

・以下の集計値は、4月17日に実施した調査の結果を集計した値である。

生徒数	学校数
1,007,768	10,031

質問番号	質問事項	質問番号	質問事項	質問番号	質問事項
（1）	自分には、よいところがあると思いますか	（26）	テレビのニュース番組やインターネットのニュースを見ますか（携帯電話やスマートフォンを使ってインターネットのニュースを見る場合も含む）	（51）	今回の理科の問題について、解答を文章などで書く問題がありましたが、最後まで解答を書こうと努力しましたか
（2）	先生は、あなたのよいところを認めてくれていると思いますか	（27）	数学の勉強は好きですか	（52）	1、2年生のときに受けた授業では、課題の解決に向けて、自分で考え、自分から取り組んでいたと思いますか
（3）	将来の夢や目標を持っていますか	（28）	数学の勉強は大切だと思いますか	（53）	1、2年生のときに受けた授業で、自分の考えを発表する機会では、自分の考えがうまく伝わるよう、資料や文章、話の組立てなどを工夫して発表していたと思いますか
（4）	学校の規則を守っていますか	（29）	数学の授業の内容はよく分かりますか	（54）	生徒の間で話し合う活動を通じて、自分の考えを深めたり、広げたりすることができていると思いますか
（5）	いじめは、どんな理由があってもいけないことだと思いますか	（30）	数学ができるようになりたいと思いますか	（55）	調査問題の解答時間は十分でしたか（国語A）
（6）	人の役に立つ人間になりたいと思いますか	（31）	数学の問題の解き方が分からないときは、諦めずにいろいろな方法を考えますか	（56）	調査問題の解答時間は十分でしたか（国語B）
（7）	朝食を毎日食べていますか	（32）	数学の授業で学習したことを普段の生活の中で活用できないか考えますか	（57）	調査問題の解答時間は十分でしたか（数学A）
（8）	毎日、同じくらいの時刻に寝ていますか	（33）	数学の授業で学習したことは、将来、社会に出たときに役に立つと思いますか	（58）	調査問題の解答時間は十分でしたか（数学B）
（9）	毎日、同じくらいの時刻に起きていますか	（34）	数学の授業で問題を解くとき、もっと簡単に解く方法がないか考えますか	（59）	調査問題の解答時間は十分でしたか（理科）
（10）	家で、自分で計画を立てて勉強をしていますか	（35）	数学の授業で公式やきまりを習うとき、その根拠を理解するようにしていますか		
（11）	家で、学校の宿題をしていますか	（36）	数学の授業で問題の解き方や考え方が分かるようにノートに書いていますか		
（12）	家で、学校の授業の予習・復習をしていますか	（37）	今回の数学の問題について、解答を言葉や数式、式を使って説明する問題がありましたが、それらの問題で最後まで解答を書こうと努力しましたか		
（13）	家で予習・復習やテスト勉強などの自学自習において、教科書を使いながら学習していますか	（38）	理科の勉強は好きですか		
（14）	学校の授業時間以外に、普段（月曜日から金曜日）、1日当たりどれくらいの時間、勉強をしますか（学習塾で勉強している時間や家庭教師に教わっている時間も含む）	（39）	理科の勉強は大切だと思いますか		
（15）	学校の授業時間以外に、普段（月曜日から金曜日）、1日当たりどれくらいの時間、読書をしますか（教科書や参考書、漫画や雑誌は除く）	（40）	理科の授業の内容はよく分かりますか		
（16）	放課後に何をして過ごすことが多いですか	（41）	自然の中で遊んだことや自然観察をしたことがありますか		
（17）	週末に何をして過ごすことが多いですか	（42）	理科の授業で学習したことを普段の生活の中で活用できないか考えますか		
（18）	家の人（兄弟姉妹を除く）と学校での出来事について話をしますか	（43）	理科の授業で学習したことは、将来、社会に出たときに役に立つと思いますか		
（19）	1、2年生までに受けた授業や課外活動で地域のことを調べたり、地域の人と関わったりする機会があったと思いますか	（44）	将来、理科や科学技術に関係する職業に就きたいと思いますか		
（20）	今住んでいる地域の行事に参加していますか	（45）	理科の授業で、自分の考えや考察をまわりの人に説明したり発表したりしていますか		
（21）	地域や社会で起こっている問題や出来事に関心がありますか	（46）	理科の授業では、理科室で観察や実験をどのくらい行いましたか		
（22）	地域や社会をよくするために何をすべきかを考えることがありますか	（47）	観察や実験を行うことは好きですか		
（23）	地域社会などでボランティア活動に参加したことがありますか	（48）	理科の授業では、自分の予想をもとに観察や実験の計画を立てていますか		
（24）	地域の大人（学校や塾・習い事の先生を除く）に勉強やスポーツを教えてもらったり、一緒に遊んだりすることがありますか	（49）	理科の授業で、観察や実験の結果から考察していますか		
（25）	新聞を読んでいますか	（50）	理科の授業で、観察や実験の進め方や考え方が間違っていないかを振り返って考えていますか		

出典：文部科学省ホームページ（https://www.mext.go.jp/）
「平成30年度　全国学力・学習状況調査　調査結果資料」（文部科学省）
（https://www.nier.go.jp/18chousakekkahoukoku/factsheet/18middle/）を加工して作成

平成３０年度全国学力・学習状況調査　　　　　　　　　　　　　　　　　　　中学校調査
回答結果集計　[学校質問紙]
全国一学校（国・公・私立）

・以下の集計値は、４月１７日に実施した調査の結果を集計した値である。

学校数
10,040

質問番号	質問事項	質問番号	質問事項
(1)	調査対象日現在の学校の全学年の生徒数	(21)	調査対象学年の生徒に対して、前年度までに、習得・活用及び探究の学習過程を見通した指導方法の改善及び工夫をしましたか
(2)	調査対象日現在の第３学年の生徒数（特別支援学級の生徒数を除く）	(22)	調査対象学年の生徒に対して、前年度までに、将来就きたい仕事や夢について考えさせる指導をしましたか
(3)	平成２９年５月１日現在の第２学年の生徒数（特別支援学級の生徒数を除く）	(23)	調査対象学年の生徒に対して、前年度までに、学級全員で取り組んだり挑戦したりする課題やテーマを与えましたか
(4)	調査対象日現在の学校の全学年の学級数（特別支援学級を除く）	(24)	調査対象学年の生徒に対して、前年度までに、学習規律（私語をしない、話をしている人の方を向いて聞く、聞き手に向かって話をする、授業開始のチャイムを守るなど）の維持を徹底しましたか
(5)	調査対象日現在の第３学年の学級数（特別支援学級を除く）	(25)	調査対象学年の生徒に対して、前年度までに、各教科等で身に付けたことを、様々な課題の解決に生かすことができるような機会を設けましたか
(6)	平成２９年５月１日現在の第２学年の学級数（特別支援学級を除く）	(26)	調査対象学年の生徒に対して、教科等の指導に当たって、地域や社会で起こっている問題や出来事を学習の題材として取り扱いましたか
(7)	調査対象日現在の学校の全教員数（副校長・教頭・主幹教諭・指導教諭・教諭・養護教諭・栄養教諭・栄養講師等）	(27)	調査対象である第３学年の生徒に対する指導において、前年度に、教員が大型提示装置（プロジェクター・電子黒板等）等のICTを活用した授業を１クラス当たりどの程度行いましたか
(8)	教員の教職経験年数別人数（５年未満）	(28)	調査対象である第３学年の生徒に対する指導において、前年度に、生徒がコンピュータ等のICTを活用する学習活動を１クラス当たりどの程度行いましたか
(9)	教員の教職経験年数別人数（５年以上１０年未満）	(29)	調査対象学年の生徒に対して、前年度までに、学校生活の中で、生徒一人一人のよい点や可能性を見付けて評価する（褒めるなど）など程度行いましたか
(10)	教員の教職経験年数別人数（１０年以上２０年未満）	(30)	平成２９年度全国学力・学習状況調査の自校の分析結果について、調査対象学年・教科だけではなく、学校全体で教育活動を改善するために活用しましたか
(11)	教員の教職経験年数別人数（２０年以上）	(31)	平成２９年度全国学力・学習状況調査の自校の結果について、保護者や地域の人たちに対して公表や説明を行いましたか（学校のホームページや学校だより等への掲載、保護者会等での説明を含む）
(12)	調査対象学年の生徒は、授業中の私語が少なく、落ち着いていると思いますか	(32)	全国学力・学習状況調査の結果を地方公共団体における独自の学力調査の結果と併せて分析し、具体的な教育指導の改善や指導計画等への反映を行っていますか
(13)	調査対象学年の生徒は、授業では、課題の解決に向けて、自分で自分から取り組むことができていますか	(33)	平成２９年度全国学力・学習状況調査の分析結果について、近隣等の小学校と成果や課題を共有しましたか
(14)	調査対象学年の生徒のうち、就学援助を受けている生徒の割合	(34)	調査対象学年の生徒に対して、数学の授業において、前年度に、習熟の遅いグループに対して少人数による指導を行い、習得できるようにしましたか
(15)	指導計画の作成に当たっては、各教科等の教育内容を相互の関係で捉え、学校の教育目標を踏まえた横断的な視点で、その目標の達成に必要な教育の内容を組織的に配列していますか	(35)	調査対象学年の生徒に対して、数学の授業において、前年度に、習熟の早いグループに対して少人数による指導を行い、発展的な内容を扱いましたか
(16)	教育課程表（全体計画や年間指導計画等）について、各教科等の教育目標や内容の相互関連が分かるように作成していますか	(36)	調査対象学年の生徒に対する数学の指導として、前年度までに、補充的な学習の指導を行いましたか
(17)	生徒の姿や地域の現状等に関する調査や各種データ等に基づき、教育課程を編成し、実施し、評価して改善を図る一連のPDCAサイクルを確立していますか	(37)	調査対象学年の生徒に対する数学の指導として、前年度までに、発展的な学習の指導を行いましたか
(18)	指導計画の作成に当たっては、教育内容と、教育活動に必要な人的・物的資源等を、地域等の外部の資源を含めて活用しながら効果的に組み合わせていますか	(38)	調査対象学年の生徒に対する数学の指導として、前年度までに、実生活における事象との関連を図った授業を行いましたか
(19)	教育課程の趣旨について、家庭や地域との共有を図る取組を行っていますか	(39)	調査対象学年の生徒に対する数学の指導として、前年度までに、計算問題などの反復練習をする授業を行いましたか
(20)	前年度までに、近隣等の小学校と、教科の教育課程の接続や、教科に関する共通の目標設定など、教育課程に関する共通の取組を行いましたか	(40)	調査対象学年の生徒に対する理科の授業において、前年度に、生徒の好奇心や意欲が喚起されるよう、工夫していましたか

回答結果集計　［学校質問紙］

全国一学校（国・公・私立）

・以下の集計値は、４月１７日に実施した調査の結果を集計した値である。

学校数
10,040

質問番号	質問事項	質問番号	質問事項
（41）	調査対象学年の生徒に対する理科の指導に関して、前年度までに、補充的な学習の指導を行いましたか	（61）	調査対象学年の生徒に対して、前年度までに、家庭学習の課題の与え方について、校内の教職員で共通理解を図りましたか（国語／数学共通）
（42）	調査対象学年の生徒に対する理科の指導に関して、前年度までに、発展的な学習の指導を行いましたか	（62）	調査対象学年の生徒に対して、前年度までに、家庭学習の取組として、調べたり文章を書いたりしてくる宿題を与えましたか（国語／数学共通）
（43）	調査対象学年の生徒に対する理科の指導に関して、前年度までに、実生活における事象との関連を図った授業を行いましたか	（63）	調査対象学年の生徒に対して、前年度までに、家庭学習の取組として、生徒に家庭での学習方法等を具体例を挙げながら教えるようにしましたか（国語／数学共通）
（44）	調査対象学年の生徒に対する理科の指導に関して、前年度までに、生徒が科学的な体験や自然体験をする授業を行いましたか	（64）	調査対象学年の生徒に対して、前年度までに、数学の指導として、家庭学習の課題（宿題）を与えましたか
（45）	調査対象学年の生徒に対する理科の指導に関して、前年度までに、自ら考えた仮説をもとに観察、実験の計画を立てさせる指導を行いましたか	（65）	調査対象学年の生徒に対して、前年度までに、数学の指導として、生徒に与えた家庭学習の課題（長期休業期間中の課題を除く）について、評価・指導しましたか
（46）	調査対象学年の生徒に対する理科の指導に関して、前年度までに、観察や実験の結果を分析し解釈する指導を行いましたか	（66）	調査対象学年の生徒に対する理科の指導として、前年度までに、家庭学習の課題（宿題）を与えましたか
（47）	調査対象学年の生徒に対する理科の指導に関して、前年度までに、観察や実験のレポートの作成方法に関する指導を行いましたか	（67）	調査対象学年の生徒に対する理科の指導として、前年度までに、長期休業期間中に自由研究などの家庭学習課題を与えましたか
（48）	調査対象学年の生徒に対する理科の授業やその準備において、前年度に、観察実験補助員が配置されていましたか	（68）	調査対象学年の生徒に対する理科の指導として、前年度までに、生徒に与えた家庭学習の課題（長期休業の課題除く）について、評価・指導しましたか
（49）	調査対象学年の生徒に対する理科の授業において、前年度に、理科室で生徒が観察や実験をする授業を１クラス当たりどの程度行いましたか	（69）	校長のリーダーシップのもと、研修リーダー等を校内に設け、校内研修の実施計画を整備するなど、組織的・継続的な研修を行っていますか
（50）	学校の教員は、特別支援教育について理解し、前年度までに、調査対象学年の生徒に対する指導の中で、生徒の特性に応じた指導上の工夫（板書や説明の仕方、教材の工夫など）を行いましたか	（70）	学校でテーマを決め、講師を招聘するなどの校内研修を行っていますか
（51）	調査対象学年の生徒に対して、前年度までに、地域の人材を外部講師として招聘した授業を行いましたか	（71）	模擬授業や事例研究など、実践的な研修を行っていますか
（52）	調査対象学年の生徒に対して、前年度までに、ボランティア等による授業サポート（補助）を行いましたか	（72）	教員が、他校や外部の研修機関などの学校外での研修に積極的に参加できるようにしていますか
（53）	調査対象学年の生徒に対して、前年度までに、博物館や科学館、図書館を利用した授業を行いましたか	（73）	教員は、校外の教科教育に関する研究会等に定期的・継続的に参加していますか
（54）	調査対象学年の生徒に対して、前年度までに、地域や社会をよくするために何をすべきかを考えさせるような指導を行いましたか	（74）	前年度までに、近隣等の小学校と、授業研究を行うなど、合同して研修を行いましたか
（55）	調査対象学年の生徒に対して、前年度までに、授業や課外活動で地域のことを調べたり、地域の人と関わったりする機会の設定を行いましたか	（75）	教職員が、校内外の研修や研究会に参加し、その成果を教育活動に積極的に反映させていますか
（56）	職場見学や職場体験活動を行っていますか	（76）	学習指導と学習評価の計画の作成に当たっては、教職員同士が協力し合っていますか
（57）	保護者や地域の人が学校の美化、登下校の見守り、学習・部活動支援、放課後支援、学校行事の運営などの活動に参加していますか	（77）	学校全体の言語活動の実施状況や課題について、全教職員の間で話し合ったり、検討したりしていますか
（58）	地域学校協働本部やコミュニティ・スクールなどの仕組みを生かして、（57）の質問にあるような保護者や地域の人との協働による活動を行いましたか	（78）	言語活動について、国語科だけではなく、各教科、道徳、総合的な学習の時間及び特別活動を通じて、学校全体として取り組んでいますか
（59）	（57）の質問にあるような保護者や地域の人との協働による取組は、学校の教育水準の向上に効果がありましたか	（79）	学級運営の状況や課題を全教職員の間で共有し、学校として組織的に取り組んでいますか
（60）	調査対象学年の生徒に対して、前年度までに、保護者に対して生徒の家庭学習を促すような働きかけを行いましたか（国語／数学共通）	（80）	学校として業務改善に取り組んでいますか
		（81）	校長は、校内の授業をどの程度見て回っていますか

全国学力・学習状況調査　質問紙調査・関係項目

文部科学省「全国学力・学習状況調査」質問紙調査・関係項目

単位：％

中学三年生の回答状況　新聞を読んでいますか。

調査年	2018	2017	2016	2015	2014	2013
ほぼ毎日読んでいる	5.0	6.7	7	8.2		10.3
週に1～3回程度読んでいる	9.2	9.7	12	12.2		15.3
月に1～3回程度読んでいる	15.3	15.5	19	19	19.1	18.9
ほとんど、または、全く読まない	70.1	69.1	61.5	61.5	59.1	55.2

放課後に何をして過ごすことが多いですか。

	2018	2017
学校で部活動をしている	81.8	81.4
家で勉強や読書をしている	42.2	39.6
地域の活動に参加している（学校支援地域本部や地域住民等による学習・体験プログラムを含む）	2.3	1.5
学習塾など学校や家以外の場所で勉強している	41.7	39.7
習い事（スポーツは除く）をしている	17.8	15.2
スポーツをしている	21.3	18.2
家でテレビやビデオ・DVDを見ている	76.8	68.5
家でテレビやビデオ・DVDを見たり、ゲームをしたり、インターネットをしたりしている	49.8	44.0
家族と過ごしている	36.2	32.8
友達と遊んでいる		

週末に何をして過ごすことが多いですか。

	2018
学校で授業を受けている	12.1
学校で部活動をしている	68.4
家で勉強や読書をしている	41.2
地域の活動に参加している（学校支援地域本部や地域住民等による学習・体験プログラムを含む）	23.3
学習塾など学校や家以外の場所で勉強している	10.2
習い事（スポーツは除く）をしている	20.8
スポーツをしている	3.9
家でテレビやビデオ・DVDを見たり、ゲームをしたり、インターネットをしたりしている	79.8
家族と過ごしている	61.1
友達と遊んでいる	55.4

中学校の回答状況　調査対象学年の児童生徒に対して、前年度までに、博物館や科学館、図書館を利用した授業を行いましたか

調査年	2018	2017	2016	2015	2014	2013	2012	2010	2009	2008
よく行った	3.2	3.2	2.9	2.2	1.9	2.3	2.3	1.9	2.0	2.5
どちらかといえば、行った	23.6	20.9	18.3	14.2	13.9	14.6	13.9	13.6	15.6	17.1
あまり行っていない	49.4	45.4	44.4	42.9	41.4	40.7	42.8	42.9	42.8	43.1
全く行っていない	23.6	30.5	34.2	40.5	43.5	43.5	40.2	41.9	39.4	36.6

出典：文部科学省ホームページ　（https://www.mext.go.jp/）
「全国学力・学習状況調査　質問紙調査・関係項目」（文部科学省）
（https://www.mext.go.jp/a_menu/shotou/gakuryoku-chousa/sonota/1347088.htm）を加工して作成

2013年度　文部科学省　全国学力・学習状況調査・質問紙調査

2013年度　文部科学省　全国学力・学習状況調査・質問紙調査

中学3年生

	選択肢	割合
a　家や図書館で、普段（月～金曜日）、1日当たりどれくらいの時間、読書をしますか（教科書や参考書、漫画や雑誌除く）	2時間以上	5.6%
	1時間以上、2時間より少ない	8.8%
	30分以上、1時間より少ない	15.3%
	10分以上、30分より少ない	22.0%
	10分より少ない	12.6%
	全くしない	35.7%
b　本を読んだり、借りたりするために、学校図書館・室や地域の図書館にどれくらい行きますか（教科書や参考書、漫画や雑誌除く）	だいたい週に4回以上行く	2.5%
	週に1～3回程度行く	6.8%
	月に1～3回程度行く	11.5%
	年に数回程度行く	21.3%
	ほとんど、または、全く行かない	57.7%
c　1か月に、何冊くらい本を読みますか（教科書や参考書、漫画や雑誌除く）	1冊も読まない	26.5%
	1～2冊	45.5%
	3～4冊	15.5%
	5～10冊	6.9%
	11冊以上	5.2%
d　読書は好きですか	当てはまる	46.4%
	どちらかといえば、当てはまる	23.8%
	どちらかといえば、当てはまらない	16.5%
	当てはまらない	12.9%

データ分析
学校：国立、公立、私立
所在地：大都市、中核市、その他都市、町村、へき地

出典：文部科学省ホームページ　（https://www.mext.go.jp/）
「全国学力・学習状況調査・質問紙調査」（文部科学省）
（https://www.mext.go.jp/a_menu/shotou/gakuryoku-chousa/sonota/1347088.htm）を加工して作成

第2章

「YA カレント」の
考察と取り組み

「はじめに」で先述したとおり、DBJでは、その時期に中学生・高校生によく読まれたポピュラーなYA書籍群を「YAカレント」と定義しています。本章では、「YAカレント」の考えを総括するまでの端緒や経緯、「YAカレント」の考えをベースにしたDBJでの活動についてお話していきます。

第1部：「YAカレント」の考え方

1　きっかけは松岡要氏（DBJ元顧問）からのご助言

　「豊かな学び」というのは、紙の読書だけではなく、電子書籍、テレビやインターネット、時にはデジタル・ゲームからも得ることができます。中でも、読書を通じた学びは記憶にも残りやすく、個人の見解にとどまらない濃密な内容であることが多く、他の媒体を通じた学びよりも優れているといえます。

　DBJが2018年に立ち上げた「YAカレント同好会」では、実際に中学生・高校生が興味を持ち、触れている作品を明らかにすることを目的にしています。そもそもこの「YAカレント」という考え方の原点は、前章の講演録「『図書館事業の現状と課題』-YAサービスの進展のために-」についてお話くださった松岡要氏からの教えによるものです。2018年当時、日本図書館協会の資料室にいらっしゃった松岡要氏を度々訪ね、現在の図書館が抱える問題についてヒアリングを重ねたところ、「YAサービス」について言及されたのです。

　そこで、松岡氏に紹介いただき、公共図書館の司書の方々が集う「YAが読んでいる本」について研究する会合に5〜6回参加させてもらう運びとなりました。その会に参加する中で、YAが実際に読んでいる本を研

究するというその奥深さに触れ、それが何なのかを追求する意義を見出
し、YA層が読んでいる本を明らかにすることを目的にしたのです。その
後、松岡氏の縁で、全国津々浦々の高校図書館の司書の方々を訪問。皆
様にインタビューを行なう中で、リアルなYAの実態や、学校司書の皆様
の「YA」に関する取り組みや、考え方に触れることとなったのです。

2　高校図書館司書の探訪から「YA」を考察する

① 「YA」を必要している人々とは

　「YA」を必要としている方々には2つのタイプがいて、1つめが、公
共図書館で老若男女の来館者の対応に追われている図書館職員です。公
共の福祉に資することが求められ、老若男女の誰が来ても理想的な図書
館の役割に準じた対応が求められています。特に、本離れが進んでいる
といわれる中高生には、彼らのこれから長い人生に資するような書籍を
提供するという重い使命がまず存在します。日々の業務をこなしながら、
来館者サービスを考える際に、中高生対応は他の利用者とは異なった違
う色を持たされていると意識されるのでしょう。

　そしてもう1つが、学校図書館の司書です。自校の生徒に対するサー
ビスについて振り返り、改善を迫られるようなこともあるでしょう。し
かし、後者の学校図書館の司書の方々は、日常が「YA」サービスなため、
「YA」を意識することなく業務に当たっていることも多いようです。つま
り、突き詰めて、大雑把に結論をつけるとするならば、「YA」というジャ
ンルは確固たる定義はなく、幻想であり、議論をするものではないとい
う考えがあるといえるでしょう。

② YAサービスの実態と仕掛け

　中高生の学びになるようなものを、何かの枠組みや基準に従って、そ
の場面場面で提供するという発想で手詰まりになり、国や自治体、学校
の教育方針が指し示すものに沿った活動が難しくなった方々が「YAサー

ビスの困難」に直面することが多いようです。かつてのYA世代が読んでいた、いわゆる「良書」を今の子どもたちに推し進めても、現実に図書館に来るYA層が求める内容とミスマッチを起こすこともあります。この元YA層の回顧的良書主義により、YAを議論していても、もはや今の時代に合わない理想を押し付けているのかもしれません。

　ある高偏差校の高校図書館の先生が実践されていたのは、図書館が受験勉強の単なる"場所"になっていたところ、校長先生からの、生徒に「本を読ませてほしい」という要望を受けて、個々の生徒の興味や関心、さらにそれらに至る前の段階の「気づき」のようなものまで丁寧に拾い、それに応じた書籍を紹介し、興味・関心・気づきを学びに自らが押し広げられるようにしていたそうです。生徒たちから何かが生まれるのを待つのではなく、目標などを提示して取り組ませるというアプローチです。

　そして、選書に関しても、生徒とのやり取りから進めていて、勧める書籍も生徒とのやり取りからその都度編み出しているそうです。年間の限られた予算の中から、選書することも非常に限られているため、思い悩む余地が少なく、生徒の興味・関心に対しても、提示できる書籍の選択肢は意外に少ないです。新たに加わる書籍が少ない以上、以前からある蔵書の中に、学生が興味・関心につながるものを見出し、示唆する作業が重ねられているとみるべきでしょう。

③「YA」層が知との遭遇を楽しむまでの過程とは

ステップ①　精神的に承認された余裕のある状態が保証されている

↓

ステップ②　何かのきっかけが自発的か他発的に発生し、関心事が生まれる

↓

ステップ③　関心事について周囲との会話やネット情報で、「読解」することなく学ぶ

↓

| ステップ④ | その状態で関心が強まり、手間のかかる情報源の選択肢も生まれる |

↓

| ステップ⑤ | 選択肢の一つとして本が登場する。同時にやや「読解」の兆しが生まれる |

↓

| ステップ⑥ | 幾つかの同じ分野の書籍を読み漁る中で、比較や思考をすることで「読解」が生まれることもある |

　かつてのYA世代は、関心事が生まれたら、その情報を得るためには本を読んで集めることが必須でしたが、今の生徒たちは、稀に関心が湧いたことを掘り下げるために、かなり優先度の低い選択として「本」があるとおっしゃった先生もいます。そのような、生徒たちが「知」との遭遇を楽しむまでの道筋を、以下のように6つのステップでまとめました。

　ステップ3までは、関心事に興味を持った状態になり、友達や親との会話やネット情報などで情報を入手します。ステップ3までは容易にたどり着く子どもも多いことでしょう。しかし、ステップ4以上となると、その媒体が子どもにとってより"面倒"なものとなり、雑誌かもしれませんし、何らかのパンフレットということもあるでしょう。ステップ5まで行くと、いわゆる選択肢の一つが「本」になり、ステップ6はあらゆる「本」の情報を蓄積することで自ら比較・思考し、「読解」することにつながるのです。

　先述したように、「YAサービス」自体には定義や枠組みはないと考えています。本来あるべき個々の中高生に向き合うサービスの「姿」だけが、理想のものとして追い求められているといえるでしょう。そこで、DBJの「YAカレント」の定義に結びつくのです。

3　DBJが考えた「YAカレント」について

①「YA」サービスの定義

　YAサービスとは、YAと定義される人々を、「中高生」年代とし、その人々の、読書を通じた豊かな学びを実現するすべてのサービスとしています。オリジナルの米国の定義では、もう少々広い年齢定義がされていたり、先述の、インタビューに応じていただいた高校図書館司書の先生方の実感も「小学校高学年」を含んでいるとするケースが多いですが、理想的な枠組みは尊重するものの、高校図書館、そして可能な範囲で中学校図書館の場で「読まれているYA」を捕捉することをベースとしています。また、高校非進学者や中学校・高校の不登校生徒などについてのYAサービスの重要性も説かれることが多いですが、DBJでは標準的対象者として、高校・中学校の学校図書館からアクセス可能である高校生・中学生のみを考えています。

② 豊かな学びとは

　先述しているように、豊かな学びは読書だけでなく、テレビ、ネットを見ても、場合によっては、デジタル・ゲームに興じていても発生します。もちろん、これ以外に何らかの事実体験を通してでも、豊かな学びは起こります。その中で、読書を通じた学びは記憶にとどまりやすく、それが持つ文脈や情報も濃密で、アクセス性が高いなど、数々の他の媒体に対して総合的に優位性があると考えられます。インターネットで大量のページを大量の時間をかけて仮に音読しても、豊かな学びが発生する保証がないことは直感的に理解できるでしょう。それであれば、読書量も多いだけでは豊かな学びが発生する訳ではありません。豊かな学びは「コンテキストの解釈力」×「コンテンツ接触量」の積で表現できます。ここで言うところの「コンテキスト」とは、単なる文章の内容理解にとどまらず、その前後の関係から生じる意図、背景にある環境や状況なども含んでいます。一方が欠落していては、豊かな学びは発生しないと考えて

います。

　ここから、読書から豊かな学びを得るように働きかけるYAサービスの実現を考える時、

(1)「コンテキスト解釈力」が先行して（ないしは、並行して）育成されている必要があります。逆に、それがない状態で読書することばかりを薦めても、ほぼ何の成果も産まないと考えられるのです。

また、(2)「コンテキスト解釈力」が低いうちは、読書による豊かな学びを画策しても、他の媒体に比べて、生徒達が「本」への敷居が高いが故に、ネットやゲームをしている方が結果的にコンテンツ接触量を引き上げる結果につながります。関心を持てる分野の「コンテンツ接触量」を増やす方策の方が明らかに有効であるため、その意味で、大人が「読ませたいYA」よりもYA層自らが読みたくなる「読まれるYA」に着目するほうが優れているといえるでしょう。

③ YAサービスの提供者

　YAサービスの提供者は、もっとも一般的な公共図書館に限りません。中学校・高校の図書館も含まれるのはもちろんですが、中高生に読書を通じた豊かな学びを提供しようとする各種団体や中高生に接点を持つ人々など、すべてを含みます。また、そのサービス内容も単に図書館におけるYA棚の設定などに限定しません。データベース活用の観点からは、どうしても書籍を通じた「コンテンツ接触量」の増加に資する活動にDBJでは目が行きやすく、実現しやすいですが、「コンテキスト解釈力」の向上に関わる各種のサービスも視野に入れることとしています。

④ YAカレント同好会が定義する「YA」シリーズ

　DBJでは、高校図書館の先生方のインタビューを経て、実際に高校図書館で借りられている書籍をリサーチし、「YA」シリーズのジャンルを定義いたしました。

・YAクラシック…今のYA世代の子どもたちの親世代で流行したYA作品を対象としています。親が昔読んで良かったと思う書籍を、子どもが読みたいと考えるケースはそれなりにあるそうです。親の書棚にあった書籍を読んで気に入り、もっとその作家の作品を読みたいと考えるなど、家庭内外の目上の大人からのインプットがそれなりの比重を占めていることによります。

・YAスタンダード…第一章の松岡顧問の講演内でも話題に上がった、ヤングアダルト出版会が発信しているような、YAとして広く知られている作品を対象としています。

・YAカレント…世の中で流行している作品群が該当します。その年に流行っている一般的なものや、ポピュラーなYA作品を対象にしています。例えば「王様のブランチ」などの情報系のテレビ番組やYouTubeなどで紹介されているトレンドの書籍などが含まれます。

・文豪作品…夏目漱石や森鴎外などをはじめとした文豪作家の作品を対象としています。もちろん、日本の作家だけではなく外国作家の名作も該当します。

・ライトノベル・ライト文芸…表紙がアニメ調のイラストになっている文芸作品であるライトノベル・ライト文芸を対象としています。

・教科書分野…中学校・高校の教科書に掲載されている作品を対象としています。教科書に一部が載っていた作品の全文を読む機会を作ったり、その作家のほかの代表作を読めるようにしたりすることなどもここに含まれます。参考書や模擬試験の問題に登場した作品を追いかけるケースもあります。

・趣味・実用…趣味の分野に関する入門書籍を対象としています。SNS
を発信するYA層にマッチしそうな、写真の撮り方や構図の工夫などが
書いてある本や、そこから派生して写真に興味を持った生徒が読むよ
うな絶景の写真集なども含まれます。その他にも習い事で関心をもつ
流れでバレエやピアノ、書道、また部活動によって興味をもつサッカ
ー、野球などスポーツ関連の実用書なども該当します。

・職業選択資料…職業選択について参考になる作品を対象としています。
たとえば『なるにはbooks』シリーズや、業界・企業研究の本のみなら
ず、銀行を舞台にしている『半沢直樹』シリーズなど仕事について書か
れている小説群も含まれることもあります。

第2部：「YAカレント」の考え方からの取り組みや活動

　DBJでは、これまで述べてきました「YAカレント」の考え方をベース
に、「YAカレント同好会」を立ち上げ、多くの中学生・高校生に読まれて
いるポピュラーなYA書籍群を明らかにすることで、学生にお勧めする書
籍のヒントや、彼らの読書のサポートができることを願って活動してい
ます。YAカレント同好会へは、「YAカレント」のホームページより参加
いただけるようになっています。後述しています、月に一度ヤングアダ
ルトにまつわる情報が満載のメールマガジン「リュディエ通信」をお届け
しています。（https://ya-current.com/）

　ここからは、DBJの「YAカレント」から派生した活動内容について紹介
していきます。

1　ヤングアダルト層の読書をサポートする索引づくり

先述の「YA」シリーズの定義にも入れていましたが、実際に中高生が読んでいる本を調査し、図書館職員の方々からのご意見を伺う中で、「ライトノベル・ライト文芸のことが分からない」「どのように選書をしていいのかわからない」といった声を聞く機会も多くなり、「テーマ・ジャンルからさがす」シリーズより、「ライトノベル・ライト文芸」の索引を企画することになりました。索引の編纂にあたり、まず驚いたのが、とにかく、ライトノベル・ライト文芸の刊行点数の多さです。例えば、2022年1年間で刊行されたライトノベル・ライト文芸はおよそ3,500冊のタイトル数があります。絵本だと、大体一年で多くても2,500冊、児童文学でも1,500冊強のタイトル数なので、どれほど多いのかということが歴然です。

　その膨大な出版量の中から、図書館職員の皆様は選書・レファレンスをされているので、とても苦労をされているようです。弊社の索引に収録しているライトノベル・ライト文芸の定義としては、どちらも、表紙がアニメ調のイラストということは同じなのですが、ライトノベルは主に非日常的であって現代設定ではない、などファンタジー要素を含んだ内容の作品です。一方、ライト文芸は、比較的「ライトノベル」よりも現実、現代設定に近い内容の作品としています。
　「テーマ・ジャンルからさがす ライトノベル・ライト文芸」では、「ストーリー」「職業」「ご当地もの」など13項目の大分類から、そのテーマに応じたライトノベル・ライト文芸が探せるようになっています。2019年に刊行いたしました。

　その他、「登場人物索引」シリーズからは、中高生からも高い人気を誇る星新一作品の登場人物とプロフィールを編纂した『星新一登場人物索引』も刊行しました。図書館だけではなく、SNSでの投稿がきっかけで拡散され、個人で購入いただいた方も多いです。中高生だけではなく、小学校の図書館司書の方から『星新一登場人物索引』と一緒に星新一の著作を借り、見比べて読書を堪能した児童がいたというエピソードなど、索

引がきっかけとなり読書の幅が広がった好事例も聞いています。

　そのほかにも「調べ学習」「自由研究」など、学習のサポートになるような『テーマ・ジャンルからさがす学習支援本』索引も刊行いたしました。今後も、ヤングアダルト層の読書・勉強をサポートできるような索引を続々計画しています。

2　リュディエセミナーの開催

　「YAカレント同好会」が主催し、「リュディエセミナー」と銘打ち、ヤングアダルトにまつわることをテーマにした講演会を運営しています。第一章の松岡氏の講演は記念すべき第1回でした。2019年にパシフィコ横浜で開催された「第21回図書館総合展」では、ブース出展のみならず、スピーカーズ・コーナーにも参加し、2日にわたってリュディエセミナーを行ないました。1日目は日本図書館協会学校図書館部会部会長（2019年時点の情報）でいらっしゃる高橋恵美子氏に「マンガを図書館に！〜学校図書館を中心に〜」と題し、学校図書館を中心に、学習資料として注目されているマンガについてお話をいただきました。

　長年、神奈川県立の高等学校で学校司書として勤められてきた高橋氏は、1989年頃から、学校図書館にマンガを置くことを推奨されてきました。2003年に開催されたアメリカ・ニューメキシコ州の図書館大会では日本のマンガ紹介のスピーチをされたり、日本図書館協会のホームページではアメリカ図書館協会（ALA）が発表している「10代向けおすすめマンガのトップテン」内の日本のマンガを紹介されていたりと、図書館とマンガを結びつけるご活動に尽力されています。
　セミナー直前のインタビューでは「YAカレント」について、「その作品の種類にかかわらず、情報を吸収し、楽しかったと思えることが重要だと考えています。強いて言うなら、本どころかマンガ、ゲーム、映像で

もいいと思っています。必ずしも「読む」ことが必須ではないと考えています」とお答えになっています。ご自身も生徒にマンガを推薦されてきて、「マンガは生徒にとって身近な資料のうちの一つです。読みたい、学びたいという動機づくりが大事で、司書は、YA世代に読書の面白さを伝えるために、彼らが何に興味を持っているのかに敏感になる必要があります。生徒にとって身近な存在のマンガが図書館にあることで、図書館に通う動機付けになりますし、図書館に行くことが"日常"になり、読書の楽しさを知るきっかけにもなると思います」と、"知的好奇心"を持つことの重要性についてお話されていました。しかし、「マンガの導入に消極的な学校図書館は多いです。その学校の教師だけでなく、司書自身が偏見を持っていることもあります。また、司書が非正規雇用など、不安定な立場だったりすることで、マンガ導入の意見を学校に言いづらいというケースもあります」という懸念もお話されていました。

　講演では、マンガを図書館に置くことで図書館利用者にもたらすメリットや、マンガの図書館への普及の問題点などについてお話され、立ち見が出るほどの盛況ぶりで、注目度の高さが伺えました。当日参加できなかった方々からの資料請求のリクエストも多数いただいています。

　2日目は、弊社社長の三膳自らが登壇し、「ライトノベル・ライト文芸が分かる！〜レファレンス用索引づくりで見えてきた作品トレンド〜」と題し、「テーマ・ジャンルからさがす ライトノベル・ライト文芸」索引を編纂した際のデータベースを元に、そこから分かる作品トレンドなどを話しました。ライトノベル・ライト文芸になじみのない方がいらっしゃることも想定し、ライトノベル・ライト文芸の定義や両者の違いについても紹介し、トレンドランキングを公開し、参加の皆様に興味深く聞いていただきました。

　ここで、ラノベのトレンドの中から一部を紹介しますと、もっとも多く題材になっているのが"恋愛"ものであり、その恋愛の中でも作品の傾

向として、異世界ものでは、「主人公は強くて、異性から人気がある設定」という作品が多いということがデータで判明しました。現代では冴えなかった主人公が、異世界で新たに生まれ変わり、高いスキルを身に着けて最強のキャラクターとなることで、読者が作品の中に夢を見られる設定になっている、という印象があるようです。

　また、ライトノベル・ライト文芸の作品の中でも題材として多いのが"お仕事"ものです。その中でも、現代設定で多いのが、クリエイター系の職種です。ライター、作家、編集者、イラストレーター、マンガ家が登場したり、話の舞台が出版社という作品もあります。大学生の就職人気調査で、メディア系のマスコミ志望が多いというところも、創作活動がテーマになった作品数が多いことに関係しているのかと考えられます。さらに興味深いのが、社員として勤めている会社に飼い慣らされているような奴隷化した労働者のことを意味する「社畜」や、違法性のある労働環境がある会社を意味する「ブラック企業」といったテーマが題材になっている作品も見られるようになってきました。

　ライトノベル・ライト文芸の面白みというのは、キャラクターやストーリー、舞台設定、人間関係など、多様性があるところでしょう。その背景としては、絶対にこうでなければいけない、という考え方が世間的に受け入れられづらくなっていて、その多様性こそを受け入れて楽しめる世の中になっているからだと考えています。"多様"な時代に生まれているヤングアダルト世代から人気を得ているライトノベル・ライト文芸は彼らの願望を投影している一つのジャンルであると言えるでしょう。2日目のスピーカーズ・コーナーでも多くの方の注目を集め、こちらもセミナー資料請求のリクエストを多数いただいたほどです。

　出展ブースの方では、ご来場の皆様からアンケートを通して貴重なご意見をいただくことができ、「テーマ・ジャンルからさがす ライトノベ

ル・ライト文芸」の索引プレゼントの抽選は、多くの方々に挑戦いただきました。アンケートでは、レファレンスサービスのお悩みとして、司書の皆さまはじめ、多くの方から来館者の方になるべくお待たせすることなく適した書籍をどのように選べばいいのかや、具体的なテーマではなく抽象的に「何かおもしろい本は？」と聞かれることも悩みであるという声を多数いただきました。

学生の方からお答えいただいた、好きなYA書籍では、安部公房、坂口安吾、谷崎潤一郎、三島由紀夫などの文豪作品や、1991年から続く中国風異世界を舞台とした、小野不由美の人気ファンタジーシリーズの『十二国記（新潮社）』、デビュー作『君の膵臓をたべたい（双葉社）』がベストセラーとなった住野よる作品などの人気が高かったです。文豪作品を「マンガで読破」シリーズ（イースト・プレス）で読む方もいて、同じ文豪作品でも、印章を変えて楽しむという声もありました。ライトノベル、ライト文芸以外にも絵本、児童文学、実用書、歴史書、マンガと幅広く本を手に取っていることも分かりました。特徴としては、アニメ化、映画化されている作品が多く、そして同一作者の別の作品を追う傾向が見られるようです。

3　メールマガジン「リュディエ通信」を毎月配信

"ヤングアダルト"にまつわる情報をお届けするメールマガジンを、2018年12月から毎月25日に配信。公共図書館・学校図書館の司書の方々を中心に図書館に関わっていらっしゃる皆様や、出版関係の方など、幅広い方々に購読いただいています。ライトノベル・ライト文芸の歴史にまつわるコラムや、テーマ展示やレファレンス、選書、図書館の棚の見せ方のアイデアや、弊社が刊行している索引データから見た出版トレンド、学校図書館の見学レポート、ヤングアダルト層に向けてのおすすめ本など、多様なコンテンツを紹介しています。先述の図書館総合展での

「ライトノベル・ライト文芸が分かる！〜レファレンス用索引づくりで見えてきた作品トレンド〜」の講演でお話しきれなかった作品トレンドについて、ライトノベル・ライト文芸で「人気の職業」「人気のご当地もの」など、索引づくりの過程で見えてきたデータをもとにランキング形式で連載しました。

　メールマガジン内でのアンケートでも、お仕事の参考にしてくださっているなど読者の方からのご意見が多数あり、今後も司書の皆様に、ヤングアダルトに関する有益な情報をお届けしたいと考えています。記事のバックナンバーは、YAカレント同好会のホームページからもご覧いただけます。
(https://ya-current.com/category/magazine/)

　そして、YAカレント同好会の活動から、高校図書館の司書の方々へのインタビューはその後も行なわれています。「YAサービス」の支援においては、「読まれているYA（DBJが定義した「YA」カレント）」に関する索引を制作し、その情報を公立図書館・学校図書館に提供するということにとどまらず、YA層の読書を有意義にするために「文脈を読解する力」の向上も、視野に入れることが大切との考えにいたりました。DBJの「読解力」の考えや取り組みについては、第3章で紹介することといたします。

第３章

読解力についての考察

第1部：読解力についてのDBジャパンの取り組み

　DBJは、図書館を支える司書の方々がその役割を果たす上で必要となる支援をすることを事業の柱として再度定義をしています。

　松岡氏が顧問に就任する以前（2023年12月現在は退任）から松岡氏には図書館司書、取り分け、公共図書館司書や学校図書館司書が抱える課題テーマとしてYA（ヤングアダルト）分野を指摘していただき、折に触れて、関係者の紹介や、図書館司書の活動内容を説明いただき、事業に活かしていっています。

　第2章でも述べました「YAカレント」という、良書主義を排して、主に中高生を中心とするヤングアダルト層が本当に関心を持っている書籍群を「YAシリーズ」として定義した言葉を作り出したのもその一環です。「YAカレント同好会」を立ち上げ、多くの会員の方々をはじめ、現在まで、索引の企画や講演会、またメールマガジンの配信など活動を行なっています。

　その「YAカレント」に関する取り組みの一環として、DBJでは新たに「読解力」というキーワードに着目しています。主要なYA層である中高生のみならず、もっと早い段階の幼児や児童に対して、読み聞かせを行なったり、学生達に対しては、ビブリオバトルなどのイベントや調べ学習などの機会を通して、書籍に親しみ読書の効用を浸透させることは、図書館司書の方々が心を砕く大きな対象です。

　それは情操・情緒の教育であり、情報リテラシーや思考力を伸ばす教育でもあるのは十分に認識されてきています。しかし、そのような認識に大きな一石を投じる書籍がベストセラーになって、新たなキーワード

「読解力」が世間の耳目を集めることとなりました。そのベストセラーは2018年に世に出た新井紀子氏の『AI vs. 教科書が読めない子どもたち』です。新井氏はいわゆる「国語教育」や「言語教育」の分野の人ではなく、数学者です。数学者として人工知能を研究し、「東ロボくん」チャレンジというプロジェクトにおいて、人工知能に学習を行なわせて、東大受験合格を目指させるという挑戦を行ないました。結果は国語や英語を中心として、読解力が必要とされる問題に対応することが困難で、プロジェクトは失敗に終わりました。人工知能は問題文の意味を読解し、思考することができないがため、そのような結果となったと新井氏はまとめています。

　しかし、新井氏の偉大な発見は、そのプロジェクトの結果分析から始まります。新井氏によれば、東ロボくんは明治大学などのMARCH（「マーチ」）と通称される大学群には合格することが可能であることが判明します。そして、そこから、大学受験生の7割程度は、東ロボくんの読解力を大きく上回る読解力を持ち合わせていないことが明らかになるのです。人工知能が人間の仕事を奪っていくという論説は多いですが、どのような面でどのように人間より優れ、どのような職業分野で人間を凌駕していくのかが、明確に議論されることはあまりありませんでした。新井氏が発表した考えの衝撃は、大学受験生の7割が遠くない未来に人工知能が苦手とする読解力を持ち合わせていないが故に、人工知能によって職に就く機会を奪われかねないというものであったのです。

　新井氏はそこで踏み止まらず、人間の読解力の程度を計測するテストを作成し、老若男女を広く調査することになり、サンプルは書籍出版時点でまだ十分とは言えないものの、多くの衝撃的な事実を提示しました。たとえば、『AI vs. 教科書が読めない子どもたち』には、計測テストのこんな問題と結果が提示されています。

「次の文を読みなさい。

『Alexは男性にも女性にも使われる名前で、女性の名Alexandraの愛称であるが、男性の名Alexanderの愛称でもある。』

　この文脈において、以下の文中の空欄にあてはまる最も適当なものを選択肢のうちから1つ選びなさい。

『Alexandraの愛称は（　　　）である。』

　① Alex　②Alexander　③男性　④女性」

　普通、誰もが正解「1．Alex」を選ぶと考えるでしょう。しかし、『AI vs. 教科書が読めない子どもたち』によれば、全国の中学生235名の正答率は38％に過ぎないのです。4を選んだ生徒が39％と1ポイント多いのです。全国の高校生432名でも正答率はたった68％。ほぼ3人に1人が間違っていて、4を選んだ生徒も26％存在するのです。

　新井氏の調査によれば、読解力は、中学生の三年間は上昇傾向だが、高校に入学すると、基本的に読解力は固定してしまって、その後、大学生になろうと、社会人になろうと、普通に暮らしているだけでは読解力がそれ以上に伸びることはないとされています。つまり、学校教育の期間に読解力が伸ばせなかった人間の読解力は、多くの場合、一生そのままであるというのです。

　さらに、読解力は読書量とも相関していないと新井氏は指摘します。単に本に親しむことや、小説好きであることは、全く読解力向上に資するところがありません。「読み取ること」の姿勢とその習慣、そしてそれに基づく思考の習慣が、中学校、遅くても高校までの期間に創り上げられていなくては、どれだけその後本を読んだとしても、文字をなぞって読んだ気になっているだけと言うことなのでしょう。図書館においてYA層に向けて実践されている、ビブリオバトルなどの多くの企画や活動が、読解力向上と言う観点から検証され直すことも必要かもしれません。

　こうした問題意識から、DBJでは、「読解力」問題について広く図書館司書の問題意識を喚起するために、SNSでの読解力をテーマにした一連の記事の発信を行ない、それと共に、松岡氏と、松岡氏同様に図書館司書経験の長い、有識者の皆様を招いての『未来の図書館に求められる役割を考える読書会』を立上げ、その課題図書を選ぶ際の最初のテーマを「読解力向上」としました。学校という教育機関においては、教育活動の拠点となる学校図書館が存在し、学校から離れた一般の人々に対しては公共図書館が知的活動を支え促す場として存在するという、松岡氏の考えを採り入れてDBJでは、「読解力向上」の役割を広く全国で果たすのは図書館であると位置付けています。

　後述するように、OECDが加盟等24か国・地域の16〜65歳の男女を対象に各国国民の持つスキルの状況を調べる「国際成人力調査（PIAAC・ピアック）」は、その中に「読解力」「数的思考力」「ITを活用した問題解決能力」などの項目が含まれており、ここに挙げた三分野は新井氏が「読解力」として広義にまとめた事柄に共通しています。このテストは、その開始以降、文科省のサイトページ上で結果が紹介されていましたが、お世辞にも注目度合いが高かったとは言えません。有名評論家の橘玲氏がいくつかの書籍で紹介したことで有名になりました。

　たとえば読解力に関する問題だと、「ホームページを見て、運営者に問い合わせるにはどうしたらよいですか？」という問題がある。その問い合わせ先を見つけられない人が日本で約3割、OECDの平均だと4割を超えていると橘氏は紹介しています。さらに日本人の3人に1人は日本語を読んで意味を理解することができないなどのテスト結果の解釈も紹加えています。

　こうしてみると、「読解力」の問題が、新井紀子氏が指摘した事実から、大きく社会構造を揺るがしかねないほどの大問題であることが分か

ります。新井紀子氏が行なった調査は国内のものだけですが、PIAACは全世界で実施されており、日本人は世界の中で群を抜いて高い能力を持っていることが判明しているといいます。元々PIAACは西欧圏でいくら移民を受け入れても産業界における人手不足が解消しないことから、就業者としての能力を図る世界横断的なテストとして開発されたものですが、OECDの発表以降、先進国はこの調査結果を重視するようになっており、「読解力」は国力の主要な一分野と考えられるようになりつつあります。それを支え向上させていく国家レベルでの役割を、図書館が求められているのではないかと、DBJでは考えています。

第2部：DBジャパンがSNSで発信した"書籍群に見る読解力"

　DBJでは、図書館がよりよいサービスを提供するために、司書個人の方が明日からでも取り組めるようなティップスを紹介することを主としているSNSのページを持っています。しかし、先述しましたように、今まで明示的ではなかった図書館の大きな使命となるであろう「読解力向上」の実現にあたって、強い危機感を持ち、SNSページで全18回にもわたる長編の企画として、「読解力」の紹介を行ないました。

　全体テーマは『書籍群に見る読解力』。図書館の司書の方々が読解力について理解し、その重要性に気づいていただけるよう、敢えて参考書籍群を紹介し、短く論評する記事にまとめています。書籍群の内容を、松岡氏の目黒図書館時代の経験のヒアリングや、松岡氏から紹介いただいたYA分野の経験豊富な司書の方々からの情報収集を重ね、図書館司書が「読解力」という新たに知られるようになった概念を身近に感じられるような工夫をしています。

　全18回の内容を概括してみましょう。

■第1回　『話題の読解力を考えてみるヒント　『下流志向』編(1)』

　2018年の『AI vs. 教科書が読めない子どもたち』発行に大きく先立ち、多著で知られる内田樹氏は2007年に『下流志向』を発表しています。サブタイトルは『学ばない子どもたち、働かない若者たち』で、著者が危機感を抱かせられた、当時の子どもたちの学校での言動や就職したての若者の考え方について書かれた内容です。この本を有名にした衝撃的な指摘は、当時の多くの子どもたちや若者たちには、「分からないことをなかったことにする能力がある」というもの。たとえば、本を読んでいて分からない漢字熟語があれば、最初は読み飛ばしても、何度か文章に登場するうちに、不快感などが微かに湧くなどして、それを調べるようになるのが普通です。しかし、内田が発見した、先述した能力のある子ども達や若者は「分からない部分をなかったことにする」というのである。

■第2回　『話題の読解力を考えてみるヒント　『下流志向』編(2)』

　第1回で紹介した内田氏の『下流志向』の「分からないことをなかったことにする能力」について、もう少し踏み込んで考えてみました。

　「分からないことがなかったこと」になったら、世の中には「分からないことが存在しない」ことになります。すると、この人物は、認識上、世の中のすべてのことを知っていることになります。すべてが分かっているのなら、疑問を持つこともないし、自分が気づかなかった可能性に思いをめぐらすこともありません。つまり知的好奇心も原理的には湧くことがないのです。

　分からないことは存在しないので、自分が想像できない登場人物の心情変化や物語の中での世界観を細かく把握するのは困難なはずです。よって、「分からないことをなかったことにする能力」は、低「読解力」の最

大の要因であることが分かります。

■第3回　『話題の読解力を考えてみるヒント　『下流志向』編(3)』

前2回で取り上げた内田氏の『下流志向』の「分からないことをなかったことにする能力」について、さらに掘り下げました。

「分からないことをなかったことにする能力」があると、知的好奇心も原理的には湧くことがないと分かっています。全部知っている以上、それ以上に何かを努力して学ぶ必要が感じられなくなるはずだから、努力もしない人間になっていきます。たとえば、そのような「下流志向」の学生がテストで自分よりももっと高い成績をとっているクラスメートを見た場合、自分は全部知っている状態なので、本来、点数差が大きく開くなどということはあり得ないと考えるでしょう。まして、自分が努力という概念を想像することすらできないのだから、クラスメートが一所懸命勉強していることも想像できないのです。

あり得る解釈としては、「きっと、運が良かったに違いない」か「きっとズルしているに違いない」なのです。前者はスピリチュアリズム、後者は陰謀論につながることになります。

■第4回　『話題の読解力を考えてみるヒント　『AI vs. 教科書が読めない…』編(1)』

既に述べた通り、数学者の新井紀子氏の大ベストセラーです。新井氏が「東ロボくん」チャレンジと呼ばれる、人工知能に東大受験をさせることで、人工知能の可能性を見極めるプロジェクトに参加して得た知見をまとめています。結果的に、東ロボくんは東大合格には失敗しましたが、MARCHレベルの大学に合格するに十分な偏差値を獲得したのです。

　しかし、東ロボくんはセンター入試の中央値どころか平均値さえ大きく上回りました。それは単純に言うと、人工知能よりも読解力が低い子どもたちが大量に存在することの証左です。東ロボくんをはじめとする人工知能が優れている部分では、人間の能力は勝負にならない以上、人間は7割から8割の大学受験生に不足している「読解力」を磨かなければ、人間の未来は暗いと考えられます。

■第5回　『話題の読解力を考えてみるヒント　『AI vs. 教科書が読めない…』編(2)』

　新井氏の『AI vs. 教科書が読めない…』の中にある読解力調査の方法とその結果について掘り下げてみます。新井氏は東ロボくんプロジェクトが開始された2011年に、大学生の数学基本調査を日本の国公立や偏差値レベルがさまざまな大学の協力を得て、6,000人の学生を対象に実施しています。この調査結果を通じて、著者は、大学生が数学ができないのではなく、問題文を理解していないことが原因で誤答が発生している疑いを持ちます。

　そして次に全国の中高生25,000人を対象に基礎的読解力調査を実施します。テストの内容は人工知能の評価にも用いたリーディングスキルテストで、人工知能がかなり対応できる「係り受け」と「照応」の問題に加え、人工知能では対応が困難である「同義文判定」、「推論」、「イメージ同定」、「具体例同定」の6つの分野の問題から構成されています。この結果、子どもたちの読解力の深刻な状況が判明したのです。

■第6回　『話題の読解力を考えてみるヒント　『AI vs. 教科書が読めない…』編(3)』

　新井氏が全国の中高生25,000人を対象に基礎的読解力調査で明らか

にした幾つかの事実を、検証しています。

(1)読解力は、高偏差値のグループの調査対象学校だけ抜きん出て高く、それ以外のグループではほぼ一様に低くなっていること。

　つまり、読解力は偏差値や学業成績と比例していないが、読解力の高い子ども達が特定の学校に集中している状態です。

(2)中学から高校にかけては読解力が上がる傾向にあるが、高校から大学にかけては上昇傾向がみられないこと。

　大学教育全般に読解力向上の効果がないなら、現在の社会人の読解力も危機的状態にあると考えられます。

(3)読解力は必ずしも調査時点での読書量と相関していないということ。

　読書量だけではなく、勉強時間の長さでさえ、読解力とは明確な相関が見いだせなかったと説明されています。

(4)読解力と家庭の経済状況には負の相関が存在していること。

　明確な因果関係の構造に新井氏は踏み込んでいませんが、読解力は経済状況に恵まれた子ども達に幼いうちから備わりやすいことは間違いありません。

■第7回　『話題の読解力を考えてみるヒント　『国語ゼミ』編(1)』

　元外務省主任分析官として知られる佐藤優氏が著書の『国語ゼミ』において、新井氏の『AI vs. 教科書が読めない…』の中の読解力向上のカギについて述べています。
　一つは、教科書の音読と辞典の併用です。教科書を音読し、分からない部分を辞典で調べることで、やり過ごすことなく理解する習慣づけを行なうというものです。もう一つは要約と敷衍のトレーニングです。「文

章の中の重要な箇所を抽出してまとめる」要約と、「抽象的な概念や文章を自分の言葉で噛み砕いて分かりやすく説明する」敷衍を教科書の内容に関して行なうこととしています。このアプローチは、『下流志向』で説明されている「分からないことを無かったことにする能力」を解消する訓練として理解できます。

■第8回　『話題の読解力を考えてみるヒント　『国語ゼミ』編(2)』

　元外務省主任分析官の佐藤優氏が、新井紀子氏の『AI vs. 教科書が読めない…』の中の読解力向上のヒントとなる現象に『国語ゼミ』の中で着目しています。

　『AI vs. 教科書が読めない…』の中で基礎的読解力調査のテスト問題を作成する作業に当たった人々の中で、新井氏が博士課程の指導をした元学生がいましたが、彼は論理的な文章を書くことが苦手でした。ところが、問題作成の作業を経て、みるみる文章力が向上し、半年も経たないうちに論理的な文章を書くようになったとされています。

　佐藤氏はこの現象を取り上げ、この「元学生」は問題作成作業に取り組むことによって論理構成に自覚的になったこと以上に、彼が新井氏からの熱心な指導を受けたことから「本質的な『読む力』を身につけるうえでは、具体的な人間関係の中での誰かの影響を受けることが決定的に重要」と説いているのです。第三者である教師や親や先輩などが、読解力を伸ばす読書の道を拓くという指摘は注目に値するでしょう。

■第9回　『話題の読解力を考えてみるヒント　『「論理エンジン」が学力を劇的に…』編』

　「論理エンジン」と呼ばれる言語訓練法を確立した出口汪氏の『「論理エ

エンジン」が学力を劇的に伸ばす』には、子どもたちの論理的思考力を伸ばす体系的な指導法がまとめられています。「論理エンジン」は既に多くの学校で採用されていて、単に現代国語や古文、漢文の国語系科目の成績が向上するだけではなく、英語力はもちろん、数学や社会、理科といった他の科目の成績も大きく向上することが明らかになっています。

　論理エンジンを学ばせ始めるタイミングは小学校中学年とされており、その前の段階では、(1)子どもにたえず語りかける、(2)子どもの話を根気よく聞いてやる、(3)いつでも「なぜ」と問いかけ、身のまわりの「不思議」に目を向けさせる、の三つが大事であるとされています。このようなプロセスを経ていない中で、単純に文字を目で追うだけの読書が時間量として増えても、読解力向上につながらないという問題の構造が見えてくるのです。

■第10回　『話題の読解力を考えてみるヒント　『読書へのアニマシオン…』編』

　スペインの読書活動推進者として有名なM・M・サルトの『読書へのアニマシオン－75の作戦』の序文には、「一般基礎教育」の主な目的のひとつは、文芸作品や一般向け学術書を、理解しながら読む力をつけることです。」とあり、その一番効果的な方法は「読書がもたらす喜びを発見させてくれるような、感受性を呼び覚ますことです。」と説明しています。

　書籍のタイトルにある「作戦」は、この感受性を呼び覚ますような読み聞かせの具体的な方法で、75の方法がすぐ実践できるよう解説されています。ここでもまた、単なる読書ではなく、知的好奇心や読み取りの動機づけのある読書の大事さが強調されているのです。

■第11回　『話題の読解力を考えてみるヒント " マシュマロ実験”編』

　「マシュマロ実験」は米国スタンフォード大学の心理学者W・ミッシェル博士が1968〜1974年に行なった実験。653人の4〜5歳の子どもにマシュマロを一つ見せて、「このマシュマロは今すぐ食べてもいいよ。けれども、もし15分間食べないで待てたら、もう一個マシュマロをあげよう」と伝え、子どもの行動を別室から観察しました。結果、二個のマシュマロを貰えたのは全体の4割だったのです。1984年に追跡調査が行なわれて、子ども達のその後の学業成績との相関が見出された上に、幼少時のIQよりも、我慢強さの方がSATの点数に大きい影響があると判明しました。

　『やり抜く力 GRIT(グリット)――人生のあらゆる成功を決める「究極の能力」を身につける』の中で著者のペンシルバニア大学のA・ダックワース博士は、学力やIQより、長期的に達成する力こそが人生の成功を左右すると唱えています。楽しい本なら読書が好きになり、読書に対する抵抗感が減ると言われていますが、一定時間以上の読解には相応の"持続力"が必要だと気づかされます。

■第12回　『話題の読解力を考えてみるヒント " リトル・アインシュタイン"編』

　韓国人女性の陳慶恵氏による『私はリトル・アインシュタインをこう育てた』は、在米生活中に日本人の夫との間に生まれた高IQの子どもを育てる実体験をまとめた書籍です。IQが高すぎて受け容れる学校が見つからなかったため、陳は夫との試行錯誤によるホームスクーリングを続けることとなりました。

　単に学校的な科目の教育以前に、いくつもの子育てについての思想や信念が背景的に述べられており、その一つに「小さい頃にたくさん旅行に連れて行こう」があります。「子どもの脳神経は、初めは混線していて

も、さまざまな刺激をもとに、次第に体系的に組織を構成し、その第1回目の構成が終わる時期が満3歳だといいます。だからもし子どもの教育にお金と時間と努力を投資したいなら、この時期に集中することが良いと思います。(中略)その投資のうち最も良いと思うのが旅行です。」と陳氏は言います。幼い頃に高められたであろう感受性は、知的好奇心を強め、読解において重要な動機づけになると考えられるのです。

■第13回　『話題の読解力を考えてみるヒント　『東大読書』編(1)』

　著書『東大読書』の表紙で"現役東大生"との肩書で紹介される西岡壱誠氏は、高3の時は偏差値35の頭の悪さだったと述懐しています。その彼が一浪を経て合格に至ったカギは「能動的な読書の力」と、その結果としての「思考力」であったとされているのです。

　この本が最初に上げるのは「装丁読み」で、カバーや帯にある文言に対して、(1)分ける、(2)つなげる、(3)深読みする、というプロセスを経ます。「装丁読み」で得られる事柄は、読むための単なる参考情報ではなく、読むための動機づけを構成する重要な部分であることが分かるのです。

■第14回　『話題の読解力を考えてみるヒント　『東大読書』編(2)』

　『東大読書』の著者の西岡壱誠氏が紹介する「能動的な読書」の最初のステップは「装丁読み」でしたが、この書籍の内容はくり返し1冊の書籍を読むことが前提となっています。

　その書籍の著者に自分が記者になったつもりで読む「取材読み」。その取材プロセスで行なう「質問読み」や「追求読み」など、論理的な咀嚼を1冊の本に対して重ねることが強調されています。その後、その1冊に対して「整理読み」によって内容が要約されますが、さらにその後に、他の書

籍と比較するという工程が待っています。読解の質の向上において、繰り返し読むことや多読することの重要性は常に強調されていますが、意味を理解して「読むこと」のプロセスを精緻に分解した内容になっています。

■第15回　『話題の読解力を考えてみるヒント　『ドラゴン桜』シリーズ編（1)』

　2003年に連載が開始されてからテレビドラマ化されるほどの話題となった、東大受験法をテーマにしたコミック『ドラゴン桜』は、雑誌『モーニング』でその10年後を描く続編が連載されました。第１シリーズ、第２シリーズ各々で、教科書を何度も読み返す勉強法を行なう東大受験生が登場します。

　第１シリーズの方に登場した東大理科III類を受験した大沢賢治は、子どもの頃『ウルトラマン』をとても好きになった際に、母親がウルトラマンの図鑑を買い与えてくれたことで、物事に関心を持ち、深く追求する姿勢ができ上ったと述懐しています。彼がその図鑑が読み終わる頃には、彼の母はまた別のウルトラマンの図鑑を買い与えてくれて、興味が尽きないようにしていました。幼児期に関心をもって本に当たる習慣づけの重要性がよく分かるエピソードです。

■第16回　『話題の読解力を考えてみるヒント　『ドラゴン桜』シリーズ編（2)』

　2003年にスタートした東大受験法がテーマのコミック『ドラゴン桜』は、雑誌『モーニング』でその10年後を描く続編が連載されました。続編の『ドラゴン桜2』では、「今でしょ」の名セリフで有名な東進ハイスクール講師の林修氏が登場します。

林氏は「読解力は幼少期（3歳から5歳）にどれだけ本と触れあったかによって決まる」と述べて、自分の体験を紹介しています。それは、彼が4歳の時に祖父が買ってくれた『みにくいアヒルの子』の紙芝居。最初は祖父母が紙芝居の読み聞かせをしてくれていましたが、その後、彼の方が祖父母に読み聞かせるようになったそうです。読むと褒められるので、セリフも丸覚えして演技を交えて紙芝居をするようになった彼を祖父母は「天才だ」と褒めたたえ、次々と他の紙芝居を買い与えるようになりました。

　「論理エンジン」を考案した出口汪氏が小学校低学年までの子どもに、周囲の大人たちがすべきこととして「褒めること」を挙げている所にも共通性が見いだせるでしょう。

■第17回　『話題の読解力を考えてみるヒント　OECDの国際成人力調査』

　『言ってはいけない　残酷すぎる真実』などの著書で知られる橘玲氏が『ネットのバカ』などの著書で知られる中川淳一郎氏とのネット上の対談記事で、OECDが行なっている国際成人力調査について話しています。「国際成人力調査（PIAAC・ピアック）」は、OECDが加盟国等24か国・地域の16〜65歳の男女を対象に各国国民の持つスキルの状況を調べるもので、「読解力」「数的思考力」「ITを活用した問題解決能力」が調べられています。

　「ITを活用した問題解決能力」の調査で、会議室の予約システムを使って予約の処理をするという問題が紹介されています。午前、午後、午前と午後にわたるものがあり、午前1件、午後1件入れて、そのあとに申し込んできた予約を断れば良いだけの問題です。事務作業の超基本の問題ですが、正しい答えにたどりつく人は全世界で1割しかいません。このよ

うな調査結果で、日本人は世界の中で群を抜いて高い能力を持っていることが判明しているのです。

■第18回　『話題の読解力を考えてみるヒント　まとめ編』

　これまで『話題の読解力を考えてみるヒント』について色々な書籍からエピソードを挙げてきました。読解力は学校教育における基礎力であり、『AI vs. 教科書が読めない…』にある「問題の解き方が分からないのではなく、問題文の意味が分からない」という指摘は本質的でした。また、読解力は「読書量に相関しない」という指摘も、子どもたちや学生の読書習慣形成にたずさわる人々の常識や、職業意義を大きく揺るがすものでしょう。

　読解力は感受性や知的好奇心など、乳幼児期に培われるものによって、その基礎ができることは間違いありません。それが不足・欠落している場合に、高校生以上になって補うことには、本人の非常に意識的な取り組みが必要とされます。そこには読書に対する姿勢を教えるような指導者的な存在がいることが望ましいとも言われています。多くの書籍が説く読解力は、書籍の文章の意味を読み取る能力にとどまらず、会話上の意味を読み取ったり、複数の情報源の評価を行なったりすることや、人間感情・人間関係などの読み取りなども含めた「コンテキストの読み取り能力」全般と括るべきでしょう。

　ここまで、DBJがYA層に対する図書館の取り組みの軸に、「読解力向上」という役割があることを振り返ってきました。読解力が「コンテキストの読み取り能力」であるという点に関しては、後述しますが、今回のSNS発信の後に実施された読書会にて、新たに世に登場し話題となった『ケーキの切れない非行少年たち』を課題図書にすることで、議論を深めました。

読解力が低い人々は『AI vs. 教科書が読めない子どもたち』で新井氏が危惧していた通り、就業の場から排除され、さらに社会からも排除されて行かざるを得ない。そのような人々は、社会福祉の制度によって生きることを支えられる立場となっていく。その実態と構造を世に突き付けたのが『ケーキの切れない非行少年たち』という書籍です。

　DBJの読書会において、図書館司書の待遇に関わる主張が多くあった主要先進国の社会状況に比べて、日本の国民の経済格差は全く広くないと考えています。松岡氏も長らく図書館の制度改悪と戦い、図書館司書の能力向上を実現する図書館制度を求めていらっしゃいます。図書館を、本を貸すだけの施設、また書籍置き場としてしまうのなら、そこで働いていらっしゃる図書館職員の方や、利用者とその利用者を取り囲む社会を読み取るような読解力は必要ないことになり、AIに簡単に置き換えられ得る"店番"という立ち位置にしか考えられなくなってしまいます。

　AIには提供できないサービスを、図書館職員の方々が提供できる能力を備え、利用者と行政の両者がその能力を認知するとき、はじめて図書館が本来の役割を果たせるようになると考えられます。松岡氏からご教示いただいたYAサービスの課題や図書館そのものの制度や役割は、日本社会全体に対する「読解力向上」の使命の問題として収斂されるのでしょう。世界的にも読解力が高い日本で、幾つかのベストセラーによって「読解力」低下の社会的影響が意識されたことは、その問題に対峙する図書館関係者にとっても大きな僥倖になるとも考えられます。

　そこで、DBJが抱くそのような想いを、「未来の図書館に求められる役割を考える読書会」の場で、図書館業界の有識者の方々に発信をいたしました。

第3部：「DBジャパンが開催する読書会での"読解力"」

　DBJが開催する「未来の図書館に求められる役割を考える読書会」は、松岡氏からのご助言を元に図書館司書のスキルを一覧化した「図書館司書スキル・カテゴリー図」を作成する際に、松岡氏から紹介いただいた図書館業界の有識者の方々にインタビューをした縁から、より深く定期的に情報交換したいと希望し、開始することとなったものです。

　初回は令和2年2月に開催されましたが、新型コロナウイルス禍の関係で一時開催を見合わせ、再開後は基本的に隔月で開催されています。第1回から第3回の課題図書の共通のテーマは「読解力低下」で、学校図書館、公共図書館、そして専門図書館など、館種を問わず、図書館の主要な役割の一つにある「読解力維持向上」を掲げる内容でした。

　第1回から第3回までは各々1冊の書籍を課題図書として、ご参加いただいた皆様に意見交換を行ない、松岡氏もその多くの回に参加されています。じつは、松岡氏と同年代の図書館業界の有識者の方々を、DBJでは「大御所」と呼ばせていただいています。従来の図書館職員の方々の読書会とは異なる新たなテーマ設定は、「大御所」の皆様にも非常に好評で、常連的に会場にご参加いただく方や、Zoomで参加を続けていただいている方も多いです。

　DBJで作成した第1回から第3回のレジュメをここで紹介いたします。

【第1回課題図書】
『AI vs. 教科書が読めない子どもたち』新井 紀子 (著)
＜本書から考えられる「読解力」に関してのポイント＞
〇OECDの加盟国で実施している学習到達度調査によると、日本の学生

はトップレベルにあるが、日本人の3人に1人が簡単な文章を読めない状況である

○新井氏が全国2万5000人を対象に実施した読解力調査により以下のことが分かった

・中学を卒業する段階で約3割が（内容理解を伴わない）表層的な読解もできない

・学力中位の高校でも、半数以上が内容理解を要する読解ができない

・読解力は高校では向上せず、それ以降も概ね向上しない

・読書量と読解力に相関はない

○"意味を理解する能力"（読解力）を身につければ、AIに代替されない仕事に従事できる

<本書から見える、図書館に求められる課題>

○読解力を向上させるための具体的な取り組みが、館の種類を問わず図書館、そして司書に求められることが考えられる

○読書量と読解力の相関がないため「本を読ませる」こと自体が、必ずしも読解力向上に結びつくとは限らない。ビブリオバトルは、元々読解力の高い子どもが参加するため、読解力の向上という観点では、その効果は疑わしい

○図書館司書それぞれの、読解力の向上も求められるようになる

【第2回課題図書】

『ケーキの切れない非行少年たち』宮口 幸治（著）

<本書から考えられる「読解力」に関してのポイント>

○読解力の問題を"認知能力"の問題として再定義したとき、人口の16%は問題領域に該当し、社会的な支援を必要としている

○読解力とは、単に文章の意味を読み取るだけではなく、相手の表情や言葉、その場の雰囲気、話の背景を正確に読み取ったり理解する能力でもある

○問題行動を起こす子どもに対しての、"反省をさせる"、"褒める"、"話を聞いてあげる"ような、今取られている多くの教育手法では、根本な問題は解決しない。学習の基礎となる認知機能の支援が必要である
○刑務所には、認知能力に問題を抱えた人がかなりの割合でいると見られ、社会的なコスト負担となっている。受刑者を納税者に変えることで国力が上がる
○著者が考案した認知機能トレーニング"コグトレ"は基礎的な救済策として有効であることが記されている

＜本書から見える、図書館に求められる課題＞
○読解力向上に向けた対応策が社会的に必要である。子どものうちは読解力向上の役割の担い手として学校教育があるが、成人した大人の読解力向上に資することができるのは、公共機関では図書館ということになる
○公共図書館(/学校図書館)は、"居場所"にもなるが、逃げ場所を作るだけでは根本的な解決にはならない。認知能力に問題を抱えた人々に向けて、積極的な対策を打てるのかが重要。そのツールとして"コグトレ"を用いることが検討されるべき

※"コグトレ"は宮口氏が考案した認知機能トレーニング手法だが、読書会では触れられていないものの、出口汪氏が考案した"論理エンジン"も幼児から学生に至る長期間に積み上げていくメソッドとして、採用が考慮されるべきだろう。

【第3回課題図書】
『下流志向〜学ばない子どもたち 働かない若者たち〜』内田 樹 (著)
＜本書から考えられる「読解力」に関してのポイント＞
○子どもたちが労働主体から消費主体として自己を確立するようになり、"学び"において強いられる経験が少なくなった。読解力低下の一因で

ある「分からないことをなかったことにする能力」を身に着けた子ども
たちへの対応策は、"強いられる"経験をさせることである
○下流志向の人は分からないことがない"全知"の状態になっているた
め、学びの動機づけがない。そのため、読解力の低下に拍車がかかる
○下流志向の人は「努力」して成功した体験がないため、努力する動機付
けがなくなる。努力不足で失敗しても、その理由を"努力不足"と感じ
ていないため、"努力と成果の相関を信じている"非下流志向の人との
格差が開き、更に二極化が進んでしまう
○自己決定したことであればその結果自分に不利益をもたらしても構わ
ない、という考えがもてはやされている今、労働においても自分の決
めたこと・好きな仕事しかしない人間が増えている。結果、マニュア
ルに沿った仕事に偏重しやすくなり、いずれは AI に代替されるとい
う危機に直面すると考えられる

<本書から見える、図書館に求められる課題>
○本読書会で過去に話題に挙がった多くの事柄は、実は、そのほとんど
が下流志向化により読解力不足になるというロジックで、本書につな
がっている
○"学び"や"労働"が等価交換であると考えることや、労働することを非
合理と感じるような根本的な問題を解決しなければ、下流志向化は加
速する。対症療法ではなく、その本質的な対策が必要となる
○下流志向化は、社会の問題、図書館利用者、図書館組織、図書館司書
の問題にもつながってくる。その問題を解決できる可能性が一番高い
のが図書館と考えられ、具体的な施策や各館・司書の取り組みが期待
される

＜本書参考書籍＞

『AI vs. 教科書が読めない子どもたち』　新井紀子著　東洋経済新報社
『下流志向〜学ばない子どもたち 働かない若者たち〜』　内田樹著　講談社
『国語ゼミ―ＡＩ時代を生き抜く集中講義』　佐藤優著　NHK出版
『読書へのアニマシオン―75の作戦』　マリア・モンセラット・サルト 著, 新田恵子 監修, Maria Montserrat Sarto 原著, Carmen Ondosabar原著, 宇野和美 翻訳　柏書房
『やり抜く力 GRIT(グリット)――人生のあらゆる成功を決める「究極の能力」を身につける』　アンジェラ・ダックワース 著, 神崎 朗子 翻訳　ダイヤモンド社
『私はリトル・アインシュタインをこう育てた』　陳慶恵 著,原著, 小川昌代 翻訳　廣済堂出版
『「読む力」と「地頭力」がいっきに身につく　東大読書』　西岡壱誠著 東洋経済新報社
『ドラゴン桜』　三田紀房著　講談社
『ドラゴン桜2』　三田紀房著　講談社
『ケーキの切れない非行少年たち』　宮口幸治著　新潮社

YA サービスの探求と考察
〜松岡要 講演録〜

ISBN：978-4-86140-402-3
C0000

2024年2月20日　発行

発行者　道家佳織
編著　　株式会社DBジャパン
　　　　〒151-0073　東京都渋谷区笹塚1-52-6　千葉ビル1001
電話　　03-6304-2431
FAX　　03-6369-3686
E-mail　books@db-japan.co.jp
印刷　　大日本法令印刷株式会社

Printed in Japan